d

Charles Lewinsky

Sind Sie das?

Eine Spurensuche

Diogenes

Diogenes Verlag AG Zürich
www.diogenes.ch
40/21/44/1
ISBN 978 3 257 07111 5

Für Mila,
Yonathan
und Ilay

Sind Sie das?

Wenn man fünfundsiebzig wird, kann man eine Kreuzfahrt buchen und beim Captain's Dinner feststellen, dass einem der Smoking definitiv nicht mehr passt. Man kann endlich mal seine Fotoalben sortieren und dabei die Erfahrung machen, dass man bei vielen Gesichtern nicht mehr weiß, zu wem sie gehören. Man kann sich einen Porsche kaufen und ihn in der Garage stehen lassen, weil man sich ja doch nur noch mit der vertrauten Rostlaube auf die Straße traut.

Oder man kann ein Buch schreiben.

Jeder Schriftsteller hat ein Lieblingsprojekt, an das er seit Jahren immer wieder denkt und das er doch nie in Angriff genommen hat. Weil ein anderes Buch wichtiger erschien oder ein anderer Auftrag dringender. Oder – wenn es um Ausreden geht, sind wir Schriftsteller kreativ – weil das so oft angedachte Buch nur besser werden konnte, je länger er damit wartete.

Und dann steht so ein runder Geburtstag im

Kalender und damit die Frage: »Wann, wenn nicht jetzt?«

Auf Kreuzfahrten werde ich seekrank. Meine Fotoalben sind geordnet. Den Porsche überlasse ich den Altersgenossen, die mit seinen Pferdestärken die eigene abnehmende Potenz zu ersetzen hoffen.

Aber das Buch, das schon so lang in meinem Hinterkopf rumort – das leiste ich mir zum Fünfundsiebzigsten.

Dieses Rumoren begann vor mehr als zehn Jahren. Es war bei einer Lesung, und ein unhöflicher Gymnasiallehrer stellte mir eine Frage.

Wo genau diese Lesung stattfand, weiß ich nicht mehr, wie überhaupt die Ungenauigkeit des Erinnerns in diesem Buch eine große Rolle spielen wird. Irgendwo im Luzernischen war es, zumindest glaubt mein Gedächtnis, das so zu wissen, aber wenn mir jemand, der dabei gewesen ist, schreiben sollte, nein, im Aargauischen oder Solothurnischen sei es gewesen, werde ich ihm nicht widersprechen. Auf jeden Fall war es eine Vorortsgemeinde, einer dieser schnell gewachsenen Orte, die noch nicht recht wissen, ob sie immer noch ein Dorf sein wollen oder schon eine Schlafstadt. Eine Metropole war es auf keinen Fall, dort wäre mir so etwas bestimmt nicht passiert.

Es ist aber passiert.

Johannistag war damals gerade erschienen, mein Roman über einen deutschen Gymnasiallehrer, der sich in ein französisches Dorf zurückzieht, weil er wegen einer Affäre mit einer Schülerin seinen Beruf aufgeben musste. Ich war auf einer jener Lesereisen, die zu einem neuen Buch gehören wie der Muskelkater zum Marathon, wie die Pflicht zur Kür – nur dass beim Bücherschreiben die Pflicht nach der Kür kommt. Abend für Abend sitzt man irgendwo auf einem Podium und liest vor, immer mit dem leisen Gefühl, man habe dasselbe Publikum vor sich wie gestern und vorgestern, mehr Frauen als Männer, mehr Alte als Junge, als ob die Zuhörer von Lesung zu Lesung mittransportiert würden. Man bekommt auch immer die gleichen Fragen gestellt – »Wo nehmen Sie bloß die Ideen her?« ist die beliebteste und unbeantwortbarste – und muss sich Mühe geben, nicht einfach das Tonband vorformulierter Antworten ablaufen zu lassen.

An diesem Abend war alles anders. Mein Gesprächspartner war der Veranstalter der Lesung, ein Gymnasiallehrer, der in seiner Gemeinde wohl für Kultur in jeder Form zuständig war. Beschreiben könnte ich ihn nicht, es wird ein nicht mehr ganz junger Mann gewesen sein. Aber die eine Frage, die er mir stellte, werde ich nie vergessen.

»Die Hauptfigur Ihres Romans ist ein Pädophiler. Sind Sie das?«

Nun ist die Verwechslung von Figur und Autor an sich nichts Ungewöhnliches. Wer selber keine Phantasie hat, kann sich nur schwer vorstellen, dass jemand anderes über diese Fähigkeit verfügt. Und es gibt ja auch genügend Autoren, die in wechselnden Verkleidungen immer nur über sich selber schreiben. Je nachdem, welche Interessen die Protagonisten meines letzten Buches gerade hatten, hat man mich nach diesem Prinzip schon für einen Fachmann für Geigenbau oder für einen frommen Bibelkenner gehalten. Was beides der Wirklichkeit nicht näher kommt als die Behauptung, ich würde nächstens am Opernhaus in *Schwanensee* mittanzen. Eine Verlagsmitarbeiterin, die mich noch nie persönlich getroffen hatte, meinte aus der Lektüre des *Melnitz*-Manuskripts sogar schließen zu können, ich müsse ein sehr modebewusster Mensch sein, was bei allen Bekannten, denen ich es erzählte, schallendes Gelächter auslöste. Dass ich mich für die Szenen, die in einem Kleiderladen spielten, fachkundig gelesen hatte, hatte ja nichts an meiner Unfähigkeit geändert, zu einem Hemd den passenden Pullover auszuwählen. Wie es ein Theaterkollege einmal auf den Punkt gebracht hat: »Du kannst tragen, was du willst – dir steht nix.«

Wie gesagt: Dass ein naiver Leser den Unterschied zwischen Beschreiber und Beschriebenem nicht erkennt und den Autor mit seinen Figuren verwechselt, das kommt immer wieder vor. Wenn bei einer Lesung die entsprechenden Fragen gestellt werden, versucht man in der Regel, diese komplizierte Beziehung in aller Ruhe aufzudröseln, erklärt, dass nicht jede Erzählung eine Nacherzählung sein muss, dass Joanne K. Rowling nicht zaubern kann und Agatha Christie nie einen Mord begehen musste.

In der Regel.

Aber wenn einem öffentlich unterstellt wird, die Verführung Minderjähriger habe man doch bestimmt aus eigener Erfahrung geschildert, dann greift man nicht zum rhetorischen Florett, sondern nimmt den Zweihänder und schlägt zu. Ich habe meinem Gesprächspartner damals erklärt, ich kenne nur zwei Arten von Leuten, die diese Art von Fragen stellten: solche, die noch nie ein Buch gelesen hätten, und Gymnasiallehrer. Danach war die Veranstaltung sehr schnell zu Ende.

Ich erzähle die Geschichte hier nicht, um mich der Brillanz meiner Riposte zu rühmen. (Die Formulierung »brillante Riposte«, merke ich gerade, habe ich bei mir selber abgeschrieben. Sie stammt aus dem Roman *Melnitz*.) Vielleicht habe ich sie mir in der Erinnerung auch nachträglich noch ein bisschen zurechtgeschliffen; Erinnern ist ja meist nur ein Sich-selber-recht-Geben. Nein, ich berichte davon, weil diese Erkundigung nach meiner vermeintlichen Pädophilie über eine ganze Reihe gedanklicher Umwege zum Auslöser für dieses Buch geworden ist. Eigentlich müsste ich dem unsensiblen Fragesteller dafür dankbar sein.

»Sind Sie das?«

Von der Unhöflichkeit der Vermutung einmal abgesehen, ist das eine sehr interessante Frage. So interessant, dass ich beschlossen habe, ihr nachzugehen.

»Sind Sie das?«

Tom Stoppard hat einmal in einer Vorlesung gesagt, wenn andere Leute über seine Stücke redeten, komme ihm das jedes Mal vor, als ob ein Zöllner in seinem Gepäck wühle und dabei Dinge zutage fördere, von denen er sich beim besten Willen nicht erklären könne, wie sie da hineingeraten seien. Obwohl sie unbestreitbar ihm gehörten. Sie mussten ihm aus Versehen in seine Koffer hineingerutscht sein.

Was packt man eigentlich im Lauf eines Schreiberlebens alles, ohne es zu merken, in seine Gepäckstücke? Was schmuggelt man – bewusst oder unbewusst – an Privatem, Eigenem, Höchstpersönlichem in seinen Büchern zum Leser? Welche Erinnerungen, Beobachtungen, Erfahrungen gehören gar nicht den Romanfiguren, sondern dem Autor? Wie viel von sich selber hat man – absichtlich oder unabsichtlich – in seine schriftstellerischen Arbeiten einfließen lassen?

Je mehr ich darüber nachdachte, desto mehr reizte es mich, das einmal bei mir selber zu überprüfen. Warum soll man die kritische Durchsicht seiner Bücher immer den Germanisten und Literaturkritikern überlassen? Warum nicht selber in den eigenen Koffern nach persönlichem Schmuggelgut fahnden? Mit einem guten Dutzend Romane stehen genügend davon auf dem Laufband. Vielleicht lässt sich aus ihnen Interessantes zutage fördern.

Wann, wenn nicht jetzt?

Die Versuchsanordnung, die ich mir ausgedacht habe, sieht so aus: Ich werde alle meine Romane vom ersten bis zum letzten Satz durchlesen, streng in der Reihenfolge, wie sie in fast vierzig Jahren erschienen sind. Und jedes Mal, wenn mir etwas auffällt, das nicht nur in die Romanhandlung gehört, sondern auch in meine eigene Geschichte, will ich dieses Mosaiksteinchen herauspicken und festhalten. Ganz ohne den Versuch, die Steinchen zu ordnen und zu einem Bild zusammenzusetzen. Ich werde sie einfach, so wie sie mir auffallen, hintereinanderlegen. Auch das gehört zu den Spielregeln, die ich mir selber verordne.

Natürlich habe ich einen Hintergedanken dabei. Es wäre schön, wenn sich aus der gesammelten Konterbande ein Selbstbild zusammensetzte, in dem ich Dinge über mich entdecken kann, die mir vorher gar nicht bewusst waren. Aber vielleicht – das haben Experimente so an sich – kommt auch etwas ganz anderes dabei heraus.

Nur eines soll es auf keinen Fall werden: eine Autobiographie. Ich bin da ganz der Ansicht des berühmten Danebenformulierers Sam Goldwyn, der einmal gemeint hat, niemand solle seine Autobiographie schreiben, bevor er tot sei. (Und bei manchen Menschen wäre es auch dann noch zu früh.) Das eine oder andere meiner Bücher mag vielleicht interessant sein – mein Leben ist es nicht, nur schon, weil mir das Hemingway'sche Bedürfnis nach Abenteuern schon immer gefehlt hat. Mit der bahnbrechenden Erkenntnis: »Am liebsten saß er abends neben seiner Frau auf dem Sofa« stürmt kein Biograph die Bestsellerlisten.

Wer soll so ein Buch lesen, das nur aus einer ungeordneten Abfolge von Assoziationen und Erinnerungen besteht?

Keine Ahnung. Leser sind mir in diesem Fall auch gar nicht wichtig.

Außer drei bestimmten.

Wie immer diese Selbstbespiegelung auch ausgehen mag – ihr Ergebnis will ich meinen Enkeln widmen. Gewissermaßen als Erinnerungsvorrat. Sie sollen diese Zeilen lesen – falls dann überhaupt noch jemand liest –, wenn ich schon lang im Schriftstellerhimmel auf einer Wolke sitze und mit den Kollegen über innere Monologe und Erzählperspektiven diskutiere. Vielleicht denken wir uns auch gemeinsam die schlimmsten Höllenstrafen für die Kritiker aus, die zu unseren Lebzeiten die Genialität unserer Werke nie genügend gewürdigt haben. So wie ich uns Schriftsteller kenne, ist das wahrscheinlicher.

Egal, womit ich mich im Jenseits beschäftige: Macht euch ans Lesen, Mila, Yonathan und Ilay! Dieses Buch ist für euch.

Hitler auf dem Rütli
1984

Als mein allererstes Buch erschien, war ich schon achtunddreißig. Und trotzdem war es, fast zwei Jahrzehnte nachdem ich diese pädagogische Zwangsjacke abgelegt hatte, immer noch eine Reaktion auf den Geschichtsunterricht, den wir an der Kantonsschule Luzern bekommen hatten. Oder, was die jüngere Vergangenheit betraf, eben nicht bekommen hatten. Als nach den letzten Prüfungen die Noten für das Maturazeugnis schon feststanden, waren wir gerade mal beim Jahr 1918 angekommen. Was danach kam, wurde in den letzten Schulwochen im Schnelldurchlauf abgehakt. Für unsere weitere Karriere, so die unausgesprochene Botschaft, waren die Schlachten des Dreißigjährigen Krieges – die wir für eine Prüfung mal alle hatten auswendig lernen müssen – bedeutend wichtiger als die lächerlichen Ereignisse des zwanzigsten Jahrhunderts. Immerhin reichte es unserem Geschichtslehrer noch zu ein paar Kommentaren, die heute wohl seine Entfernung aus dem Schuldienst zur Folge hätten. So meinte er zum Thema »Holocaust«: »Die Juden waren an dem, was ihnen passiert ist, auch selber schuld.« Meine Mitschüler hielten mich damals davon ab, auf ihn loszugehen, sie meinten, ich würde sonst mein Abschlusszeugnis gefährden. Noch heute, mehr als ein halbes Jahrhundert später, bereue ich, dass ich mich von ihnen habe zurückhalten lassen.

Selbstverständlich, so brachte man es uns bei, war die Schweiz während des Zweiten Weltkriegs pausenlos heldenhaft gewesen. Die tapferen eidgenössischen Milizsoldaten hatten den Ansturm der deutschen Truppen abgewehrt, und wenn sich die anderen Nationen nur endlich ein Beispiel an uns nehmen wollten, würden wir alle in einer besseren Welt leben.

An diesem kritiklosen Patriotismus hatte sich auch in den frühen achtziger Jahren nicht viel geändert. Immer noch bestimmte die Aktivdienst-Generation den Diskurs, und was die Geschichte der Schweiz in der Zeit des Nationalsozialismus betraf, verschönerte sie sich die Erinnerung an die unangenehme Zeit in Uniform gern mit lautstarkem Lob für die eigene Heldenhaftigkeit. Bei uns zu Hause hing noch gerahmt das Erinnerungsplakätchen, das man meinem Vater bei seiner

Entlassung in die Hand gedrückt hatte: Vor dem Hintergrund der Alpen spähte ein blaugefärbter Soldat wachsam über die Grenze, das Gewehr im Anschlag, und darunter stand in lauter Großbuchstaben: »DIE ARMEE HAT IHRE AUFGABE ERFÜLLT. DURCH IHRE WACHSAMKEIT BEWAHRTE SIE UNSER LAND VOR DEN LEIDEN DES KRIEGES.«

Wer damals bezweifelte, dass allein die Grenzbesetzung durch unsere furchteinflößende Armee oder die uneinnehmbare Trutzburg des Reduit das Land vor einem Einmarsch der deutschen Truppen bewahrt habe, war ein linker Spinner und Nestbeschmutzer. Die Schweiz sei den Nazis auch nützlich gewesen? Der Judenstempel in deutschen Pässen sei auf Initiative der Schweizer Regierung eingeführt worden? So etwas sagte man besser nicht laut.

Allzu große Einigkeit ist mir zwar immer noch verdächtig, aber, altersmild oder streitfaul geworden, gestehe ich heute jedem Menschen das Recht zu, sich die eigene Geschichte nach seinem Gusto zurechtzulügen – solang er nicht von mir erwartet, dass ich sein Weltbild als alleinseligmachend akzeptiere. Damals brachte mich mein Widerspruchsgeist auf die Idee, zwischen den Deckeln eines Buches darüber nachzudenken, wie sich die Schweizer wohl verhalten haben würden, wenn die deutsche Wehrmacht im Jahr 1940 auch die

Schweiz überfallen und in einem Blitzkrieg erobert hätte, ob sie sich angepasst oder ob sie Widerstand geleistet hätten.

Ich wählte dafür die Form von fiktiven Interviews mit gewöhnlichen Schweizern, Durchschnittsbürgern, die sich viele Jahre später an eigene Erlebnisse aus der Zeit der deutschen Besatzung »erinnerten«. Das schien mir handwerklich reizvoll, weil ja für jeden der erfundenen Gesprächspartner eine eigene Sprache gefunden werden musste, ein kreativer Prozess, der mir auch heute noch bei jedem neuen Projekt wieder Spaß macht.

Ich hatte also den Plan für ein Buch, aber ich wollte es nicht allein schreiben, sondern suchte nach einem Partner, der sich die Hälfte der Gespräche ausdenken sollte. Mein Gedächtnis behauptet, ich habe damit sicherstellen wollen, dass möglichst viele Aspekte der erfundenen Historie berücksichtigt würden, aber ich befürchte, das ist ein nachträglicher Selbstbetrug. Wahrscheinlicher ist wohl, dass ich mir damals einfach noch nicht zugetraut habe, ganz allein ein Buch zu schreiben. Wer zum ersten Mal einen Berg besteigt, hat gern jemanden bei sich, der im Notfall das sichernde Seil festhält.

Wie auch immer – der erste Co-Autor, mit dem ich es versuchte, war André Kaminski. Wie sich bald herausstellte, war es nicht das Thema, das ihn an dem Projekt reizte, sondern die Vorstellung eines Titelblatts mit der schönen Zeile »von Kaminski und Lewinsky«. Er lieferte auch tatsächlich zwei oder drei Interviews, aber sie waren ihm derart phantasievoll und abgehoben geraten, dass sie meinem Ziel, eine möglichst glaubhafte Gegenrealität zu schaffen, überhaupt nicht entsprachen. André sah das auch ein und schlug mir vor, statt mit ihm mit seiner Frau zusammenzuarbeiten. So kam es zu der äußerst erfreulichen Partnerschaft mit Doris Morf, die nicht nur einen weiblichen Aspekt in das Buch hineinbrachte, sondern als Nationalrätin auch einen verstärkt politischen.

Wie gut es uns gemeinsam gelang, die erfundene Eingliederung der Schweiz ins Dritte Reich als scheinbare Wirklichkeit zu beschreiben, zeigte Jahre später ein Artikel, den ein indischer Germanist in einer Fachzeitschrift veröffentlichte. Er verstand wohl mehr von Germanistik als von Geschichte und nahm den deutschen Überfall auf die Schweiz als Tatsache an. Wenn tatsächlich stattgefunden hätte, was wir für das Buch erfanden, wäre seine Analyse bestimmt sehr einleuchtend gewesen: Mit diesem Werk, schrieb er, arbeite die Schweiz eine schmerzliche Erinnerung auf.

Mal sehen, welche persönlichen Erinnerungen das Nachlesen bei mir auslösen wird.

*

Schon in der ersten Geschichte meines ersten Buches bin ich fündig geworden. Eine Serviertochter – damals hieß das noch so – berichtet darin von einer besoffenen Feier anlässlich des Jahrestages der Schlacht von Sempach, bei der ein als Landsknecht verkleideter Patriot einem Journalisten seine Hellebarde auf den Kopf haut, weil er den Mann für einen Juden hält. Bevor er zuschlägt, zitiert er zwei Zeilen aus dem *Sempacherlied*:

Erhaltet mir Weib und Kind,
die eurer Hut empfohlen sind.

Zu meiner Überraschung habe ich gemerkt, dass ich von den sechs Strophen dieses patriotischen Geschwurbels heute noch eine Menge auswendig weiß, obwohl es eine Ewigkeit her ist, seit ich sie mir einprägen musste. Ich habe – ohne dass ich mich erinnern könnte, was mich dazu veranlasst hat – als kleiner Bub in dem Knabenchor mitgesungen, der damals jedes Jahr für das Knabenschießen-Volksfest gebildet wurde. Das Erlebnis scheint mich sehr beeindruckt zu haben, denn ein zweites Lied aus unserem schmalen Repertoire – *Chumm, Bueb, und lueg diis Ländli aa* – habe ich später im

Roman *Der Wille des Volkes* zitiert. Und *Wir sind die jungen Schweizer* könnte ich auch immer noch mitsingen. »Harus! Harus! In eine neue Zeit! Und sei's zu Frieden oder Streit – mein Blut ist jung, stark meine Hand und dein, mein Herz, oh Vaterland!«

Noch etwas zum *Sempacherlied*: Schon damals – und in diesem Fall bin ich mir sicher, dass ich das nicht nachträglich dazuerinnere – hat es mich gestört, dass all die großen Worte nicht sauber gereimt waren, »Schwertkampf« auf »Blutdampf«, »Mannskraft« auf »Speerschaft«, und alle durch die Melodie auch noch auf der ungereimten ersten Silbe betont. Ich war zwar erst etwa zehn Jahre alt, aber was Verse anbelangte, war mein Sprachgefühl schon damals gut entwickelt. Am Gymnasium, als im Lateinunterricht die Hexameter auftauchten, konnte ich aus dem Stand in dieser Versart reden und wunderte mich, dass meine Klassenkameraden daran etwas Besonderes fanden. Diese angeborene Fähigkeit war mir später, als ich Schlagertexte im Akkord liefern musste, oft nützlich.

*

Eigentlich habe ich mir vorgenommen, aus den Büchern, die ich wieder zur Hand nehme, immer nur gerade einen oder zwei Sätze zu zitieren und dann zu erklären, warum sie für mich eine persönliche Bedeutung haben – aber schon beim zweiten Kapitel meines ersten Buches bricht dieses System zusammen. Hier wird ein längeres Zitat notwendig sein, das allerdings gleichzeitig als seine eigene Erklärung dienen kann. Weil ich mich dafür von einem persönlichen Erlebnis nicht einfach habe inspirieren lassen, um es dann literarisch weiterzuverarbeiten, sondern es – wie man das als Anfänger im Literaturgewerbe wohl gern tut – einfach eins zu eins aufgeschrieben habe.

Nur den zeitlichen Zusammenhang habe ich verändert. Im Buch spielt die Geschichte am 10. Mai 1940. An diesem Tag hatten die deutschen Truppen ihren Westfeldzug begonnen, und da man auch in der Schweiz stündlich mit einem feindlichen Angriff rechnete, war in der jüdischen Gemeinschaft Panik ausgebrochen. Meine Mutter hat die Aufregung als Neunzehnjährige miterlebt und mir erzählt, an jenem Tag seien viele Mitglieder ihrer orthodoxen Gemeinde in die Bergkantone geflohen, während andere zwar ebenfalls gern die Stadt verlassen hätten, aber aus religiösen Gründen noch abwarteten. Der deutsche Angriff auf die Benelux-Länder war nämlich an einem Freitag erfolgt, und am Sabbat ist es orthodoxen Juden verboten, mit dem Auto oder der Eisenbahn unterwegs zu sein.

Ich gerate ins Plaudern, aber die folgende Anekdote ist zu schön, um in diesem Zusammenhang nicht erzählt zu werden: Wegen der Ermordung ihrer Schwester tat meine in Berlin aufgewachsene Großmutter den heiligen Schwur, nie mehr deutschen Boden zu betreten. Als sie zehn Jahre nach dem Krieg einmal mit ihrem Sohn im Auto zu einem Verwandtenbesuch nach Holland fuhr, ließ sie sich immerhin auf einen Kompromiss ein. »Du kannst von mir aus die deutsche Autobahn benutzen«, sagte sie, »aber solang wir in diesem verfluchten Land sind, steige ich nicht aus.« Das ging gut, bis die sture alte Dame pinkeln musste und man verzweifelt nach einer Autobahnausfahrt suchte, von der aus man über den Rhein zu einer Toilette französischer Nationalität gelangen konnte. Man hat mir die Geschichte oft erzählt, aber es wollte mir nie jemand sagen, ob das Rennen gegen die Naturgesetze schlussendlich gewonnen wurde.

Um die Plauderei zu Ende zu bringen: Meine Großmutter hat ihren Schwur nur einmal gebrochen. Die Beschneidung meines Sohnes war für sie Grund genug, alle Vorsätze zu vergessen und zu uns nach Kassel zu fahren.

Zurück zu der Geschichte aus *Hitler auf dem*

Rütli. Ein kleiner Junge wird von der allgemeinen Panik erfasst, auch wenn er deren Ursachen nicht versteht, und versteckt sich zwischen dem Nachmittags- und dem Abendgebet in der Synagoge, wo er dann allerlei Verbotenes anstellt.

Dieser kleine Junge war ich. Wenn man aus der Geschichte die feindliche Bedrohung weglässt und das Ganze vom Jahr 1940 in die frühen fünfziger Jahre verlegt, ist sie die exakte Beschreibung eines eigenen Erlebnisses.

Es war auch ein wohliger Schauer dabei. Allein in der Synagoge. Das hatte auch etwas Mutiges, als kleiner Junge allein so nahe beim lieben Gott.
Lange saß ich nicht unter dem Pult. Es wurde immer dunkler. Ich hatte den Eindruck, dass das Ewige Licht vorne in der Mitte immer heller leuchtete.
Die Angst ließ nach und wurde immer mehr zu Abenteuerlust. Die Gemeindemitglieder haben jeder sein eigenes Pult, und ich habe die Deckel aufgemacht und hineingeschaut. Da waren nicht nur Gebetbücher und Gebetsmäntel, da gab es auch einen Schlüsselbund oder dreckige Taschentücher. Aus einem Pult habe ich ein Bonbon gestohlen.

Ich bin durch die Türe gegangen, vorne rechts, wo immer der Rabbiner herauskommt. Ich weiß nicht, was ich mir dort erwartet hatte, aber ich kann mich gut erinnern, dass ich enttäuscht war. Einfach ein kahler Raum. So wie ich mir damals eine Gefängniszelle vorstellte.
Am Anfang hatte die Leere der Synagoge, der große, düstere Raum, etwas Überwältigendes. Aber ich war ein kleiner Junge. Ich wollte hinausgehen und meine Kameraden suchen. Die Synagogentüre war verschlossen. Ich musste warten, bis der Schammes sie nach dem Lehrvortrag wieder für Maariv öffnete.
Im Vorraum der Synagoge sind viele kleine Kästchen. Damals trugen die traditionalistisch gesinnten Gemeindemitglieder bei den großen Gottesdiensten noch einen Zylinder, und die waren in diesen Kästchen verstaut.
Ich habe eine Hutschachtel nach der anderen herausgenommen und aufgemacht. Die Zylinder herausgenommen und mit dem Finger Figuren in den sorgsam in eine Richtung gebürsteten Stoff gemacht. Nur Zeichnungen, nichts Geschriebenes. Am Schabbes darf man nicht schreiben.
Auf der Toilette gab es kein Toilettenpapier zum Abreißen von der Rolle, denn auch das

wäre eine am Schabbes verbotene Tätigkeit gewesen. Stattdessen gab es dort ein Spezialprodukt, ineinander gefaltete einzelne Blätter. Wenn man eines herauszog, entfaltete sich das nächste.
Ich habe sie alle herausgezogen und anders in den Karton gequetscht.

Heute kann ich nicht mehr sagen, was mich damals zu diesem verbotenen Aufenthalt verleitete. Neugier allein kann es nicht gewesen sein, denn die Synagoge an der Freigutstraße war mir wohlvertraut, schließlich hatte ich mich fast täglich dort einzufinden, am Sabbat zweimal zum Gottesdienst und an mehreren Werktagen sowie am Sonntagmorgen zum Religionsunterricht im Untergeschoss. (So viele Jahre lang zehn Wochenstunden Religion – und alle zusammen haben sie nicht ausgereicht, um aus mir einen gläubigen Menschen zu machen.) In dem imposanten Bau hatte jedes Gemeindemitglied seinen festen Platz, der innerhalb der Familie vererbt wurde. Als Kind konnte ich während der unendlich langen Gottesdienste sogar zwischen zwei Standorten wählen: entweder neben meinem Großvater im besonders frommen Bereich nahe beim Almemor, dem Ort der Torahlesung, oder viel weiter hinten, links außen neben meinem Großonkel Isaak, der die Regeln der Religion nicht so eng sah, mit seinem Banknachbarn auch mal einen Witz austauschte und es diskret übersah, wenn ich mir statt des Gebetbuches eine ebenso unverdächtig schwarz eingebundene weltliche Lektüre mitgebracht hatte. (Man musste nur aufpassen, nicht beim Umblättern beobachtet zu werden, weil hebräische Bücher ja in die andere Richtung gelesen werden.)

Aber neben aller Vertrautheit – Kinder sind in Synagogen wohlgelitten – spürte ich in dem hohen Raum doch auch immer gleichzeitig etwas bedrohlich Geheimnisvolles. »Numinos« würde ich es wohl genannt haben, wenn ich das Wort damals schon gekannt hätte. In diesen Räumen etwas anzustellen, und sei es noch so harmlos, hatte den Kitzel des Gefährlichen, schließlich war hier der liebe Gott zu Hause, und der war, das hatte man mir eingetrichtert, jederzeit zu den grausamsten Strafen bereit. Dieses Gefühl des permanenten Überwachtwerdens war so stark in mir verwurzelt, dass ich einmal, als ich in einem Moment der gierigen Selbstvergessenheit eine nicht koschere Wurst gegessen hatte, aus lauter Schuldbewusstsein einen ganzen Tag lang kotzen musste.

Dabei war die Frömmigkeit, so wie sie bei uns daheim praktiziert wurde, mehr auf Tradition als auf wirklichen Glauben gegründet, auch wenn man sich das Leben damit recht kompliziert machte – vor allem am Sabbat, wo noch viel mehr Dinge verboten sind als unter der Woche. So durfte man an diesem Tag das elektrische Licht nicht selber einschalten, sondern musste sich auf die zu diesem Zweck eigens installierte Schaufensteruhr verlassen. Wenn meine Mutter den Mechanismus mal wieder falsch programmiert hatte, und das kam oft vor, saß man eben bis zum Sabbatausgang im Dunkeln. Auch durfte man nicht an der Haustüre klingeln, sondern musste versuchen, mit dem Familienpfiff jemanden auf sich aufmerksam zu machen, und das Taschentuch musste mit einer Sicherheitsnadel am Hosenfutter befestigt sein, um es als Bestandteil des Kleidungsstückes erscheinen zu lassen. Es einfach so mit sich zu tragen wäre Sünde gewesen.

Erst als Teenager habe ich mich gefragt, was es über das Wesen Gottes aussagte, wenn er mit so simplen Methoden auszutricksen war. Aber man hielt die unendlich vielen Regeln und Verbote ja auch nicht ein, um einem höheren Wesen zu gefallen, sondern weil man es immer schon so gemacht hatte. Und weil die anderen Mitglieder der Gemeinde als effiziente Kontrollinstanz fungierten.

Meinen frevelhaften verbotenen Aufenthalt an

jenem Sabbat hat damals übrigens niemand entdeckt.

*

Eine andere Geschichte in *Hitler auf dem Rütli* erzählt vom Geiger Sepp Roetheli, der seinen jüdischen Namen eingeschweizert hat und sich während der Zeit der deutschen Besatzung auf einem Bauernhof versteckt, wo das Musizieren zum Alltag gehört.

> *In unserer Familie ist schon immer Volksmusik gemacht worden. Mein Vater und seine beiden Brüder haben alle Schwyzerörgeli gespielt. Ein anderer Onkel war so eine Art Ländlerkönig auf dem Klarinett.*

Er muss mich von Anfang an beeindruckt haben, der Schweizer Ländlerkönig Carlo Brunner, denn als ich diese Geschichte schrieb, kannten wir uns noch kaum. Natürlich, begegnet war ich dem brillanten Klarinettisten schon, er war in mehreren Programmen aufgetreten, die ich beim Schweizer Fernsehen redaktionell betreut hatte, aber ich war ihm nicht näher gekommen als all den anderen Musikern, für die ich in unoriginellen Sendungen möglichst originelle Ansagen zu formulieren hatte. Wenn mir jemand gesagt hätte, dass wir schon bald zusammenarbeiten und gemeinsam Preise gewinnen würden, hätte ich nur gelacht. Denn an Volksmusik hatte ich nun wirklich kein Interesse. Überhaupt keines.

Dachte ich.

Wenige Jahre später galt ich als Volksmusikspezialist, und in einem Abstellraum hängen immer noch die Goldenen Schallplatten. Wenn einmal jemand ein Buch über die Zufälligkeit von Karrieren schreiben will – hier hat er ein gutes Beispiel.

(Ein noch besseres Beispiel ist die Geschichte, wie ich überhaupt zur Unterhaltung gekommen bin. Ich hoffe, dass mir ein anderes meiner Bücher das Stichwort dazu geben wird.)

Das mit der Volksmusik ist so passiert: Carlo wusste, dass mir das Verseschreiben leichtfiel, und so kam er eines Tages zu mir und sagte, es gebe da einen neuen Wettbewerb, den internationalen Grand Prix der Volksmusik, an dem wolle er sich beteiligen, und ob ich ihm nicht einen Liedertext dafür schreiben würde.

Ich wollte nicht. Denn, wie gesagt, mit Volksmusik hatte ich nichts am Hut. Zwar kam ich in meinem Job als Fernsehredakteur nicht darum herum, mir diese volkstümlichen Klänge anzuhören, aber mir selber einen Text dafür einfallen zu lassen – nein, lieber Carlo, den Gefallen kann ich dir wirklich nicht tun. Ja, ich gebe es zu, eine allzu große Arbeit wären zwei oder drei hinten gereimte Strophen wohl nicht, aber ich und Volksmusik … Du musst das verstehen, Carlo. Ein Vegetarier arbeitet auch nicht als Metzger.

Und dann band ich mir doch die Metzgerschürze um, nahm das Schlachtbeil in die Hand und begann zu wursten. Weil ich schreiberischen Herausforderungen nicht widerstehen konnte. Wenn ich eine Sache noch nie gemacht habe, dann will ich sie unbedingt probieren, so lang, bis ich sie beherrsche. Dann interessiert sie mich nicht mehr.

Am meisten haben mich schon immer Dinge gereizt, die eigentlich gar nicht machbar sind. Ich kann auch kein schwieriges Kreuzworträtsel ungelöst liegenlassen.

(Ein solches Rätsel war später einmal die Frage: »Können Sie das Drehbuch für einen Film mit nur einem Darsteller schreiben?« Mein erster Gedanke war: »Das geht nicht.« Und der zweite: »Das will ich versuchen.« Ich glaube, *Ein ganz gewöhnlicher Jude* ist kein schlechter Film geworden.)

Für den Grand Prix der Volksmusik las ich zuerst einmal das Reglement durch. Gründlich. Zwei Sätze fielen mir auf: »Es dürfen nur originale Volksmusikinstrumente verwendet werden« und »Die Melodie darf den Volkston nicht verlassen«.

Woraus ich schloss, dass alle Titel in etwa gleich klingen würden, was die Jury spätestens nach dem zehnten Lied in den Tiefschlaf versetzen musste. Wenn man auffallen und aus der Masse der Einreichungen herausstechen wollte, musste man also die Juroren aufwecken, und das ging am besten, indem man eine ganz andere Form von Musik in den Wettbewerb einschmuggelte. Aber wie sollte das gehen, ohne das Reglement zu verletzen?

Meine Lösung sah so aus: Ich ließ mir einen Refrain einfallen, der es ermöglichte, eine völlig andere Art von Musik als ironisches Zitat zu verwenden und damit logisch und reglementkonform zu begründen. Die Zeile hieß: »Das kommt uns spanisch vor« – und schon hatten wir die Ausrede für einen musikalischen Abstecher auf die Iberische Halbinsel. Flamenco olé! Da Kastagnetten kein original schweizerisches Volksmusikinstrument sind, ersetzten wir sie durch Holzlöffel. Und Carlos Schwester Maja zeigte als Sängerin jede Menge südländisches Temperament.

Ich war bei der Jurierung nicht dabei, aber ich stelle mir vor, dass nach den ersten spanischen Klängen die gestrengen Richter einer nach dem andern aus ihrem Koma erwachten und in ihren Unterlagen ein dickes Ausrufezeichen neben unser Lied machten. Wie auch immer – ein paar Monate später stand ich in der Westfalenhalle Dortmund und ließ mir vor versammeltem Fernsehpublikum für den ersten Rang einen Bergkristall auf Granit überreichen.

Der Kristall war übrigens so falsch wie mein Ruf als Fachmann für Volksmusik. Aber einen Stapel Schallplatten – CDs gab es damals noch nicht – habe ich trotzdem vollgetextet. Carlo und ich wurden als Team so erfolgreich, dass man unseretwegen sogar das Reglement der schweizerischen Vorausscheidung änderte und hineinschrieb, kein Komponist und kein Texter dürfe mit mehr als drei Titeln in der nationalen Vorausscheidung vertreten sein. Man fürchtete, wir würden den Wettbewerb sonst irgendwann ganz allein bestreiten.

Dass ich in einer Sparte, die mir nach wie vor völlig fernliegt, so weit nach oben kommen konnte – das kommt mir heute noch spanisch vor. Und das alles nur, weil ein Ländlerkönig unbedingt einen Liedertext von mir haben wollte. Bei echten Majestäten ist Widerstand zwecklos.

Hier muss ich, weil das Stichwort »Ländlerkönig« nun mal gefallen ist, von einem wahrhaft aristokratischen Duell zwischen zwei solchen Musik-Monarchen berichten, von einem Duell, das mit derart höfischer Eleganz ausgetragen wurde, dass die meisten Leute gar nichts davon bemerkten, obwohl es vor Publikum ausgetragen wurde.

Ich war damals Mitglied der Kulturkommission der jüdischen Gemeinde, und in dieser Funktion hatte ich ein Konzert organisiert, das als Gipfeltreffen des musikalischen Hochadels konzipiert war: Der Ländlerkönig Carlo Brunner sollte auf den Klezmerkönig Giora Feidman treffen, zwei Klarinetten-Virtuosen aus ganz unterschiedlichen Traditionen sollten zum ersten Mal zusammen auf einer Bühne stehen. Die Idee schien zu funktionieren, der Saal war bald ausverkauft, und die ersten Proben versprachen ein Großereignis.

Wenn da nicht diese kleine diplomatische Verstimmung zwischen den beiden Monarchen gewesen wäre. Giora Feidman, der Superstar der Klezmermusik, behandelte seinen Schweizer Kollegen mit derartiger Herablassung, als sei der höchstens dazu geeignet, ihm den Instrumentenkoffer hinterherzutragen. Ich rechnete stündlich mit dem ganz großen Krach, aber es kam nicht dazu. Könige tragen ihre Fehden eleganter aus.

Als Giora beim Konzert von der Bühne abgehen wollte, hielt ihn Carlo zurück. Er sei so dankbar, sagte er, dass er mit einem so großen Künstler habe musizieren dürfen, dass er speziell für seinen Kollegen ein Musikstück komponiert habe, das er ihm widmen wolle, aus purer Dankbarkeit. Und dann spielte er eine Melodie, in die er all die Tricks und

Effekte eingebaut hatte, all die Triller und Schluchzer, die Gioras Markenzeichen waren. Für das Publikum war es eine Hommage, aber unter Musikern hieß die Botschaft: »Spiel dich nicht so auf – so etwas kann jeder gute Klarinettist.« Und Giora musste es sich anhören und Dankbarkeit heucheln.

So machen das Könige.

All das, was ich hier von Carlo Brunner berichte, spielte sich erst später ab. Aber schon als ich *Hitler auf dem Rütli* schrieb, musste er mich beeindruckt haben. Sonst wäre in dem Text bestimmt kein Ländlerkönig auf dem Klarinett vorgekommen.

*

Ein anderes Kapitel aus diesem Buch, in dem ein ehemaliger Beamter nach den Erfahrungen der Hitlerzeit die schweizerische Ordnungsliebe nicht mehr erträgt, ist mir beim Wiederlesen nur wegen eines Namens aufgefallen. In einer Nebenfigur der Geschichte habe ich einer Nebenfigur meiner Schulzeit ein kleines privates Denkmal gesetzt.

Der Fleischlin war Sektionschef.

Nein, der Fleischlin war nicht Sektionschef. Im wirklichen Leben war er Lehrer, und wie das an der Kantonsschule Luzern üblich war, mussten wir ihn mit »Herr Professor« anreden. Obwohl er nur Schönschreiben unterrichtete. (Oder auch noch Turnen? Ich bin mir da nicht mehr sicher.) Herr Professor Cäsar Fleischlin. Wenn ich eine Figur in einem Roman so nennen wollte, würde meine Lektorin sagen: »Klingt das nicht ein bisschen sehr künstlich?«

Sein Name blieb mir unvergesslich, aber in meinen kalligraphischen Fähigkeiten hat Cäsar Fleischlin keine Spuren hinterlassen. Ich habe immer noch dieselbe unleserliche Klaue, die er so schrecklich fand. Und die ich, weil ich dieses Fach hasste, mit Absicht noch zusätzlich verunstaltete. Die Schönschreib-Hausaufgaben machte ich prinzipiell nur in der rüttelnden Eisenbahn. Zur Strafe durfte ich die von ihm geliebte Sütterlin-Schrift – ja, die stand damals noch auf dem Lehrplan – nicht erlernen; ich sei ihrer nicht würdig, meinte er. Meine Mitschüler, die alle Sütterlin hassten, haben mich um dieses Verbot sehr beneidet.

Liebe Enkel: Wenn ihr nicht wisst, was Sütterlin ist – Wikipedia wird es ja wohl noch geben. Dort wird die richtige Definition stehen, nicht die gefälschte, die ich später einmal für den *Stotterer* erfunden habe.

Hieronymus Theobald Sütterlin unterrich-

tete am Irgendwas-Gymnasium in Irgendwo, hatte einen Kaiser-Wilhelm-Schnurrbart und trug einen Bratenrock. Was immer das ist. Weil er Kinder hasste, erfand er eine Schrift, mit der man sie quälen konnte. Wurde tot in seiner Wohnung aufgefunden, von zehntausend Schreibfedern durchbohrt.

Die Spannungen zwischen Professor Fleischlin und mir nahmen immer mehr zu, und schließlich, als Zwölf- oder Dreizehnjähriger, wagte ich es, zum Rektor zu gehen und mich über ihn zu beschweren. Dieser Schulleiter war ein begnadeter Pädagoge und schaffte es mit wenigen Worten, meinen kindlichen Zorn verrauchen zu lassen. »Hör zu, Lewinsky«, sagte er. »Wenn du schon lang etwas Rechtes bist, muss er immer noch vor einer Klasse stehen und Schönschreiben unterrichten. Also sei nett zu ihm.«

Ich bin dann tatsächlich nett zu ihm gewesen.

*

Nicht nur ein Name kann Erinnerungen hervorrufen, manchmal reicht auch eine Adresse. Sie findet sich – und in diesem Fall habe ich diese Anschrift damals wohl ganz bewusst verwendet – in einer

Geschichte über einen Schweizer Juden, der eine ihm völlig unbekannte Frau heiratet, nur um sie aus Nazideutschland herauszuholen, ein Thema, das mich so fasziniert hat, dass ich es viele Jahre später in *Melnitz* noch einmal aufgegriffen habe. Hier in *Hitler auf dem Rütli* will der Erzähler den Namen des Mannes nicht nennen.

Ich sage nur S., weil die Familie immer noch hier in Luzern wohnt. Nicht mehr so viele wie vor der Hitlerei, aber doch ein paar. Einer sogar noch in dem Haus an der Sälihalde.

Das Haus an der Sälihalde.

So viel hängt für mich mit dieser Adresse zusammen, dass dies wohl ein längeres Kapitel werden wird. Obwohl an der Sälihalde überhaupt nichts Ungewöhnliches passiert ist. Aber es war die letzte Station einer sehr schweizerischen Geschichte, die mein Leben viele Jahre lang kompliziert hat.

Sälihalde 8. Dort wohnte – und wohnt – die Familie Erlanger, die sich bereit erklärt hatte, mich jeden Sabbat bei sich aufzunehmen, obwohl sie mich überhaupt nicht kannte. Aus reiner innerjüdischer Solidarität.

Aber ich muss die Geschichte von Anfang an erzählen.

Sie begann damit, dass ich als Zwölfjähriger ins Gymnasium wollte. Ich hatte die entsprechenden Schulnoten, und die Aufnahmeprüfung bestand ich ohne Probleme. Doch meine Mutter erhielt einen Brief von der kantonalen Zürcher Erziehungsbehörde, in dem man bedauerte, mich trotzdem nicht ins Gymnasium aufnehmen zu können. Weil ich als orthodoxer Jude jeweils am Samstag nicht hätte schreiben dürfen. Den Unterricht besuchen: ja; einen Füller in die Hand nehmen: nein. Das religiöse Regelwerk ist da strikt, und der liebe Gott legt Wert auf solche Finessen. Es habe sich gezeigt, hieß es in dem Brief, dass es nicht möglich sei, mit dieser Einschränkung dem Unterricht zu folgen, und Ausnahmen könnten leider nicht gemacht werden. Mit freundlichen Grüßen.

Es wäre alles einfacher gewesen, wenn ich statt Charles Charlotte geheißen hätte. Das Mädchengymnasium war nämlich nicht kantonal, sondern städtisch, wurde also von einer anderen Behörde verwaltet, und dort sah man kein Problem darin, wenn Schülerinnen einmal pro Woche im Unterricht nicht mitschrieben. Aber ich war nun mal ein Junge und damit ein Problemfall.

Ich war nicht der erste Bub aus unserer Gemeinde, dem man mit dieser Begründung den Schulbesuch verweigerte, wenn ich auch, wie sich dann später herausstellte, der letzte war. Auch das hat etwas mit dieser Geschichte zu tun. Die anderen hatten entweder aufs Gymnasium verzichtet oder sich an einer Privatschule angemeldet, um die Matur als Externe zu machen. Beides kam für mich nicht in Frage, das eine aus Ehrgeiz und das andere, weil wir bei uns zu Hause kein Geld hatten. Nicht wenig, sondern keines. Ich bin nicht in einer Welt aufgewachsen, in der man an Privatschulen auch nur denken durfte.

(Damit ihr das nicht falsch versteht, liebe Enkel: Ich hatte als Kind nie das Gefühl, arm zu sein. Im Gegenteil. Ich hielt uns für reicher als die Familien meiner Mitschüler. Weil wir nämlich ab und zu ins Schauspielhaus gingen. Wenn man Mitglied der Jugendtheatergemeinde war, kosteten die billigsten Restkarten an der Abendkasse nur einen Franken.)

Als alleinstehende Frau zwei Söhne aufzuziehen war damals noch viel schwieriger als heute, und so war meine Mutter darin geübt, auch für scheinbar unlösbare Probleme Lösungen zu finden. Wenn man mich in Zürich nicht in eine öffentliche Schule gehen ließ, beschloss sie, dann sollte ich das eben in einer anderen Stadt tun. Ich könne ja dahin pendeln, so wie sie selber jeden Tag mit der Straßenbahn zur Arbeit ins Büro fuhr. Am Sabbat, wenn auch das Bahnfahren verboten ist, müsse ich eben am neuen Schulort bei irgendeiner jüdischen Familie unterkommen.

Die nächstgelegene Gemeinde, in der sich so eine Familie finden ließ, war Luzern. Dort hatte ich dann an der Kantonsschule zunächst noch einmal eine Aufnahmeprüfung zu bestehen, diesmal gleich für die zweite Klasse, weil in Luzern das Schuljahr im Herbst begann, während der Wechsel in Zürich immer noch im Frühjahr stattfand. Irgendwie habe ich mich durchgemogelt, obwohl meine Lateinkenntnisse mehr als mangelhaft waren. Aber ein guter Aufsatz hat mich rausgerissen.

So bin ich dann ein paar Jahre lang jeden Morgen mit dem Zug nach Luzern und am Abend wieder zurück gefahren. Der Bummelzug, der an jeder Station hielt und fast anderthalb Stunden bis an sein Ziel brauchte, fuhr um 6 Uhr 20 ab Zürich-Wiedikon. Ich bin immer im allerletzten Moment aus dem Bett gekrochen und dann, so schnell ich konnte, zum Bahnhof gerannt, ohne dabei wirklich wach zu werden. Einmal habe ich im Halbschlaf statt des Mülleimers, den ich vors Haus stellen sollte, meine Schulmappe dort deponiert und die Verwechslung erst bemerkt, als ich schon drei Querstraßen weiter war.

Nicht nur an jenem Tag habe ich meinen Zug verpasst und musste einen späteren nehmen. Es passierte mir regelmäßig. Aber der spätere Zug – Zürich Hauptbahnhof ab 7 Uhr 06 – kam nicht rechtzeitig zum Beginn des Unterrichts in Luzern an. Ich glaube, kein anderer Schüler in meiner Klasse ist so oft zu spät gekommen. Die Lehrer hatten sich schon daran gewöhnt.

Mit Ausnahme eines Mathematiklehrers, dem dieser aus der Reihe tanzende Schüler nicht ins Konzept passte, nicht etwa weil ich Jude war, wie er gern – und nicht ganz glaubhaft – betonte, sondern weil ich den geregelten Ablauf seines Unterrichts störte, den er seit jeher nach dem immer gleichen Rhythmus erteilte. »Die schriftlichen Rechnungsprüfungen habe ich schon immer am Samstag durchgeführt«, teilte er mir mit, »und ich werde das auch in Zukunft so halten. Selbstverständlich verlange ich nicht von dir, dass du deswegen das Schreibverbot deiner Religion verletzt. Du darfst die Aufgaben im Kopf lösen und dann zu mir ans Lehrerpult kommen und mir das Ergebnis mitteilen.« Dank meiner Sturheit habe ich das zwei Schuljahre lang durchgehalten. Schikanen können auch ihr Gutes haben: Ich bin dadurch zu einem guten Kopfrechner geworden.

Ich hatte, außer meinem Banknachbarn Felix, wenig Freunde in der Klasse. Das hatte nichts damit zu tun, dass ich unbeliebt gewesen wäre – das war ich nicht mehr und nicht weniger als jeder Schüler, der in den sprachlichen Fächern gute Noten schreibt und dafür im Turnunterricht eine lächerliche Figur abgibt. Nein, der Grund war viel prosaischer: Wenn meine Mitschüler gemeinsam etwas unternahmen, saß ich schon wieder im Zug nach Zürich. Und wenn ich endlich dort ankam, hatten sich meine früheren Kollegen schon längst zu anderweitigen Unternehmungen verabredet.

Am Sabbat, der vor allem in den Sommermonaten unendlich lang sein konnte (er endet laut religiöser Vorschrift erst, wenn am Himmel drei Sterne zu sehen sind), durfte ich sowieso nichts unternehmen und langweilte mich durch den Tag. Die herzliche Gastfreundschaft, die ich an der Sälihalde genoss, machte mir das Ganze nicht einfacher, sondern im Gegenteil schwieriger. Während man dort eine echte, tiefempfundene Orthodoxie lebte, stand ich den religiösen Vorschriften, die man mir eingetrichtert hatte, mit jedem Jahr kritischer gegenüber. Die Sonderregelungen, die ich für mich in Anspruch nahm, entsprachen immer weniger meinen inneren Überzeugungen. Als Zwölfjähriger war ich aus naiv-kindlicher Frömmigkeit – oder weil ich mir in dem Alter eine Welt mit anderen Gesetzen einfach nicht vorstellen konnte – in eine Rolle hineingeraten, die mir mit den Jahren immer fremder geworden war. In der Kompromisslosigkeit meines pubertären Denkens war ich nicht nur zum Agnostiker, sondern zum Atheisten geworden, ich glaubte nicht mehr an einen Gott, weder an einen lieben noch an einen bösen, und so wurde die Existenz, die ich lebte, immer absurder für mich: Ich ging in einer fremden Stadt zur Schule, um die Verbote einer Religion einzuhalten, von der ich mich innerlich gelöst hatte, und jedes Mal, wenn mir einer meiner hilfsbereiten Mitschüler am Sabbat die Schulmappe trug, kam ich mir vor wie der schlimmste Heuchler.

Am liebsten hätte ich alles hingeschmissen, aber ich fand den Weg dazu nicht. Die unvermeidlichen Auseinandersetzungen mit meiner Familie hätte ich auf mich genommen, ja ich hätte die zu erwartenden Streitereien wohl sogar auf verdrehte Weise genossen, weil sie mir das in diesem Alter so ersehnte Gefühl vermittelt hätten, selbständig und erwachsen zu sein. Aber wie ich meinen Lehrern und Klassenkameraden erklären sollte, dass all die Rücksicht, die sie während Jahren auf mich genommen hatten, plötzlich unnötig gewesen sein sollte, das konnte ich mir einfach nicht vorstellen.

Im Rückblick ist mir klar, dass der Widerspruch, den ich jeden Tag lebte, früher oder später zu einer Explosion führen musste. Damals sah ich sie nicht kommen und war von mir selber überrascht, als es dann passierte. Für das, was damals aus mir herausbrach, schäme ich mich bis heute, weil es Menschen traf, die Dankbarkeit und keine Provokation von mir verdient hätten. Ich habe sie mit meinem pubertären Verhalten schwer verletzt.

In den letzten beiden Jahren vor der Matura musste ich mich nicht mehr an jedem Morgen in den Zug setzen, sondern hatte bei einer reizenden alten Dame ein Zimmer gemietet. Ich musste also auch nicht mehr als Religionsasylant an jedem Sabbat Zuflucht bei den Erlangers an der Sälihalde suchen. Aber die freundschaftliche Verbindung blieb bestehen, und eines Tages luden sie mich zu einem Abendessen in ein Restaurant ein. Sie waren in ihrer Orthodoxie so flexibel, dass es sie nicht störte, auswärts zu essen – vegetarisch natürlich.

An diesem Abend habe ich mich so schlecht benommen, dass es mir heute, fast sechzig Jahre später, immer noch peinlich ist. Ich habe keine Erklärung dafür, dass sich meine aufgestauten Frustrationen ausgerechnet an diesem Abend und gegenüber diesen netten Leuten Bahn brachen. Vielleicht – aber das ist nur eine Hinterher-Erklärung, und die stimmen nur selten – spielte Neid eine Rolle, ein unbewusster Neid auf Menschen, die sich ihrer Überzeugungen auf so ausgeglichene

Art sicher sein konnten, während in mir alles durcheinanderging. Der Mensch, vor allem, wenn er sich schon für erwachsen hält, ohne es schon zu sein, ist kein Wesen, das nach den Gesetzen der Logik funktioniert.

Als wir am Tisch saßen und in der Speisekarte blätterten, ist es passiert. Vielleicht, ich könnte es mir vorstellen, hat jemand eine Bemerkung darüber gemacht, dass die Auswahl für jemanden, der sich an die jüdischen Speisegesetze halten wollte, nicht allzu groß sei. Vielleicht gab es einen anderen Auslöser. Auf jeden Fall überrollte mich plötzlich der unwiderstehliche Drang, meine Gastgeber zu schockieren. Ich tat es auf eine Weise, deren Tragweite wahrscheinlich nur jemand ganz ermessen kann, der sich sein ganzes Leben lang innerhalb der Regeln der Orthodoxie bewegt hat: Ich bestellte das Trejfenste, also Verbotenste, das ich in der Speisekarte finden konnte: »Spanische Nierli«. Stierhoden. Und bereute es schon einen Moment später. Das Ehepaar, das mir gegenübersaß, reagierte nämlich nicht empört, sondern nur traurig. Traurig und enttäuscht.

Bis heute, wo die beiden schon lang nicht mehr leben, fühle ich das Bedürfnis, mich bei ihnen für diese peinliche Teenager-Provokation zu entschuldigen. Ich hatte nie die Gelegenheit dazu. Denn an die Sälihalde wurde ich natürlich nie mehr eingeladen.

Um auch diese Information nachzuliefern: Nach mir kam nie mehr ein Zürcher Jude in die Situation, die Mittelschule in einer anderen Stadt besuchen zu müssen. Und das aus einem typisch schweizerisch-föderalistischen Grund: Weil mich der Kanton nicht in sein Gymnasium aufnahm, bewilligte mir die Stadt ein Stipendium, um die Kosten für die tägliche Fahrt nach Luzern zu decken. Ich stelle mir gern vor, dass die Absurdität dieser Konstellation die beiden Verwaltungen ins Gespräch gebracht hat. Auf jeden Fall wurde die Schreibpflicht am Sabbat ein Jahr später auch für die Buben sang- und klanglos abgeschafft.

*

Noch eine Erinnerung aus Kindertagen, die ich eins zu eins in eine Geschichte in *Hitler auf dem Rütli* übernommen habe – und wieder ist es eine, auf die ich nicht stolz bin. Mir scheint bei der Neubegegnung mit den eigenen Büchern, dass solche Zitate aus dem eigenen Leben mir immer wieder unbewusst dazu gedient haben, Erlebnisse, die ich lieber vergessen hätte, in die Quarantäne eines literarischen Textes einzusperren und damit zu neutralisieren.

In der Geschichte vom *Wörtersammler* erinnert sich ein Mann an seinen geistig behinderten Bruder, der unter der Naziherrschaft der Euthanasie zum Opfer gefallen ist:

Der Ernst hat sich eigentlich über alles gefreut. Er hat immer gelacht. Nur wenn man mit dem Finger auf ihn gezeigt hat und gesagt: Bumm, bumm, du bist tot! – dann hat er einen Wutanfall bekommen. Bevor er ins Heim kam, haben ihn die Buben auf der Straße immer damit geplagt.

Diesen geistig behinderten Ernst – wenn ich mich richtig erinnere, hieß er wirklich so und wurde Ernstli genannt – hat es tatsächlich gegeben, und ich gehörte zu den Buben, die ihm auflauerten, um ihn zu plagen. Ich weiß, das ist kein hochdeutsches Wort, aber hier ist der Dialekt einfach präziser.

In der Primarschulzeit verbrachte ich den Sommer regelmäßig in einer Ferienkolonie im appenzellischen Heiden. Das Wartheim – das in *Melnitz* ausführlich vorkommt – hatte zwei Sorten Bewohner: die »festen« Kinder, die das ganze Jahr dort wohnten und auch in Heiden zur Schule gingen, und uns »Kolonisten«, die für ein paar Ferienwochen in einem eigenen Gebäude untergebracht wurden.

Heiden war kein Ort, der uns Ferienkolonisten viele Attraktionen zu bieten hatte, aber immerhin gab es den Ernstli. Diejenigen, die jedes Jahr wiederkamen, freuten sich auf ihn, wie man sich auf die Wiederkehr der Geisterbahn beim nächsten Jahrmarkt freut. Es kam uns überhaupt nicht in den Sinn, dass es ein bemitleidenswerter Mensch war, den wir da immer wieder zur tobenden Verzweiflung trieben. Kinder können sehr sadistisch sein, und ich war keine Ausnahme.

Die »festen« Kinder wussten, um welche Zeit der Ernstli zu erwarten war. Ich meine, es sei immer am späteren Nachmittag gewesen, aber in solchen Details ist meiner Erinnerung nicht zu trauen. (In den Hauptsachen, fürchte ich, auch nicht immer.) Wenn es diese Regelmäßigkeit überhaupt gab, dann erkläre ich sie mir im Nachhinein so: Es wäre denkbar, dass der Ernstli seine Tage in einer betreuten Einrichtung in Heiden verbrachte und sich gegen Abend auf den Heimweg zu seinem unterhalb des Dorfes gelegenen Wohnort machte. Ich kann mich nicht erinnern, dass ich ihn jemals die steile Straße, die am Wartheim vorbeiführte, habe hinaufgehen sehen; wenn ich mir die Situation ins Gedächtnis zurückrufe, kam er immer von oben herunter.

Und immer wieder mal wartete eine Kinderhorde auf ihn.

Ich kann den Mechanismus nicht erklären, der aus einer Gruppe eine Horde macht, ich weiß nur, dass die Veränderung sehr schnell vor sich gehen kann. Es genügt, dass jemand, der nicht zur Gruppe gehört, zum Feind erklärt wird. Oder zum Opfer, so wie der Ernstli. Eine kleine Spur Angst spielt dabei wohl immer mit, die angenehm kitzelnde Sorte Angst, die auf dem Gefühl der Übermacht beruht und auf der beruhigenden Gewissheit, dass einem nicht wirklich etwas passieren kann. Ob sich das Opfer wehrt oder nicht, spielt keine Rolle, das eine steigert die Angst und das andere das Machtgefühl, und beides kann sehr schnell zu Gewalt führen.

Beim Ernstli war es einfach. Man musste nur mit ausgestrecktem Zeigfinger wie mit einer Pistole auf ihn zeigen und »Bumm, bumm, du bist tot!« rufen – und schon geriet er in eine uns ebenso erschreckende wie amüsierende Panik, die wir nur schon deshalb auskosteten, weil wir wussten, dass wir im Grund etwas Verbotenes taten. Wenn ich mich daran erinnere, kann ich verstehen, warum sich in früheren Jahrhunderten die Zuschauer zu öffentlichen Hinrichtungen drängten. Und sich heute noch drängen würden, wenn sie die Gelegenheit dazu hätten.

Ob sie sich hinterher auch für ihr Vergnügen schämten?

*

Als Kind träumte ich immer wieder davon, auf irgendeinem Gebiet der Beste zu sein, einfach so, ohne jede Anstrengung. Und manchmal, im Halbschlaf vor dem endgültigen Wegdösen, taucht dieser Wunsch auch heute noch in meinem Kopf auf.

Da ich ein körperlich ungeschickter Bub war – und das ist noch schonend ausgedrückt –, bezogen sich meine kindlichen Träume oft auf sportliche Dinge. Ich malte mir im Detail aus, wie ich als brillanter Fußballer die entscheidenden Tore schießen oder als eleganter Eiskunstläufer die schwierigsten Sprünge vorführen würde, und kolorierte diese Phantasien in den prächtigsten Farben. Beim Wiederlesen von *Hitler auf dem Rütli* stelle ich fest, dass ich einer meiner Figuren so einen Traum erfüllt habe, nicht auf sportlicher Ebene, sondern im Kartenspiel. Allerdings – als ich das Buch schrieb, war ich ja kein Kind mehr – nimmt die Geschichte nach triumphalem Beginn ein tragisches Ende.

Die Episode *Der beste Jasser vom Wauwilermoos* erzählt von einem im Konzentrationslager inhaftierten Schachmeister, der das Jassen so gut erlernt, dass er ein beliebter Spielpartner für die schweizerische Wachmannschaft wird, weil er es durch seine taktischen Fähigkeiten schafft, regelmäßig ganz knapp zu verlieren und damit einem besonders fanatischen ss-Mann das angenehme Gefühl arischer Überlegenheit zu vermitteln.

Er hat gesagt, nein, jassen kann er nicht, aber er könnte es sicher ganz schnell lernen, schwerer als Schach werde es wohl nicht sein. Sie werden es nicht glauben, aber er hat den Schieber gelernt, bevor er einziges Mal eine Karte gesehen hat. Nur aus dem Kopf. Während wir die Abrechnungen gemacht haben über die Lebensmittel, habe ich ihm die Karten erklärt und die Regeln. Dass man den Trumpf-Buur nicht farben muss und dass man die Stöck erst weisen muss, wenn man sie spielt, und all diese Sachen. Aus dem Kopf hat er sich alles gemerkt, das kann man sich kaum vorstellen.

Ich habe schon seit vielen Jahren nicht mehr gejasst, aber ich habe das Spiel einmal richtig gut beherrscht. Die Konstellation, in der ich es erlernt habe, muss für einen Betrachter ziemlich lächerlich ausgesehen haben – nur war mir das damals nicht bewusst.

Zeit der Handlung: die späten fünfziger Jahre. Ein Wochentag ungefähr um halb eins.

Jeder Wochentag.

Ort der Handlung: ein vegetarisches Restaurant, dessen Einrichtung schon damals altmodisch war. Es riecht nach Blumenkohl und gedämpftem Lauch. (Tofu kannte man damals noch nicht.)

An einem Tisch sitzen ein zwölfjähriger Junge und drei Damen mittleren Alters.

Nein, das ist ungenau. Es waren keine Damen, sondern eindeutig Frauen. Arbeiteten – aber das denke ich mir nachträglich dazu – alle im selben Büro und verbrachten ihre Mittagspause jeden Tag am selben Tisch im selben Lokal. Hatten wahrscheinlich die totgekochten Gemüse, die sich auf dem Speiseplan in der scheinbar immer gleichen Reihenfolge abwechselten, so schnell wie möglich hinter sich gebracht und wollten jetzt, bevor sie sich wieder an ihre Schreibmaschinen setzen mussten, eine halbe Stunde jassen. Wozu sie einen vierten Mann brauchten. Im Notfall konnte es auch ein Bub sein.

Mit drei Leuten kann man keinen Schieber machen. Immer nur Bieter ist langweilig, wenn keiner mehr als fünfzig Punkte über das Minimum geht, wenn er nicht schon einen Matsch auf der Hand hat und noch ein Vierblatt dazu.

In meinem ersten Jahr in Luzern wurde ich zum Mittagessen in ein billiges Restaurant geschickt. In ein vegetarisches natürlich, von wegen koscher. Später durfte ich mir dann meine Verpflegung selber organisieren, was in der Regel bedeutete, dass ich etwas möglichst Billiges herunterschlang, um dann den Rest meines Kostgeldes in einem Flippersalon auszugeben. Aber, wie gesagt, im ersten Jahr war ich zu gesunder Ernährung verurteilt. Das Restaurant, an dessen Namen ich mich nicht erinnern kann, bekochte fast ausschließlich Stammgäste, man saß also jeden Tag mit denselben Leuten am selben Tisch. Bestellen musste man nicht, denn in diesem Lokal galt das Prinzip: »Es wird gegessen, was auf den Tisch kommt.« Mich setzte man zu den drei Frauen, nicht aus einer fürsorglich gastgeberischen Überlegung, sondern einfach, weil dort noch ein freier Platz war.

Wir haben ein Jahr lang die Mittagspausen miteinander verbracht, aber ich glaube nicht, dass ich jemals die Namen meiner Tischgenossinnen erfahren habe. Ich könnte sie auch nicht mehr beschreiben; die betonharten Dauerwellen, die mir einfallen, passen zu perfekt, als dass es sie tatsächlich auf allen drei Köpfen gegeben haben kann. Das Einzige, dessen ich mir sicher bin: An unserem Tisch wurde nicht gelacht. Jassen, fanden die drei, sei eine ernsthafte Angelegenheit, und die viel zu kurze Mittagspause durfte nicht mit leerem Geschwätz verschwendet werden.

Als sie mich zum ersten Mal zu ihrem Partner bestimmten – ich glaube nicht, dass sie mir wirklich eine Wahl gelassen haben –, konnte ich nur mit Mühe einen Under von einem Ober unterscheiden, und von so esoterischen Tätigkeiten wie »Stiche zählen« hatte ich noch nie etwas gehört. Aber am Ende des Schuljahres hatte die tägliche Übung zwar keinen Meister, aber doch einen recht brauchbaren Mitjasser aus mir gemacht.

Nicht in derselben Klasse wie *Der beste Jasser vom Wauwilermoos* natürlich. Der in der Geschichte totgeprügelt wird, weil er es gewagt hat, einen ss-Mann im Schach zu schlagen.

*

In der Geschichte *Schweizer Helden an der Ostfront* regt sich ein ehemaliger Soldat darüber auf, dass die Heldentaten der Schweizer Truppen in deutschen Diensten nicht mehr gewürdigt würden. Man wolle die Zeit, während der die Eidgenossenschaft zum Deutschen Reich gehörte, verdrängen und vergessen, dabei sei es unter den damaligen Umständen doch ganz selbstverständlich gewesen, dass man das, was man in der Rekrutenschule und in den Wiederholungskursen gelernt hatte, jetzt eben unter einer anderen Fahne praktizierte. Früher sei das ganz anders gewesen, da seien solche Dienste noch geschätzt worden.

Nehmt zum Beispiel das Löwendenkmal in Luzern. Das ist der Schweizergarde gewidmet, die beim Sturm auf die Tuilerien gefallen ist. Das waren Söldner in fremden Diensten, aber davon redet keiner. Das sind jetzt einfach Helden, punktum, basta. Und warum? Weil einer zufällig auf Urlaub war, als es passierte, und der hatte einen Haufen Geld und hat das Denkmal in den Fels hauen lassen. Pfyffer von Altishofen hieß der.

Das Persönliche an diesen Sätzen ist nicht die Tatsache, dass ich als gymnasialer Untermieter zwei Jahre lang direkt neben dem Löwendenkmal gewohnt habe, sondern der Einfluss, den das altehrwürdige Luzerner Geschlecht der Pfyffer von Altishofen auf mein Leben hatte.

Es war in einer der oberen Klassen des Gymnasiums, und ich hatte mir in den Kopf gesetzt, ein Jahr lang als Austauschschüler in die Vereinigten Staaten zu gehen. Heute reicht es, sich für ein solches Programm anzumelden, aber damals war das noch ein sehr exklusives Vergnügen; aus unserer Schule durfte sich jedes Jahr nur ein einziger Schüler auf den Weg machen. Man schrieb also nicht einfach eine Bewerbung, sondern durchlief ein langwieriges Auswahlprozedere, in dem es vor allem um die Frage ging: Ist dieser Schüler würdig, unsere Institution in einem anderen Land zu vertreten? Ich weiß nicht, wie viele Kollegen an diesem Wettbewerb teilgenommen haben, aber ich rechnete mir gute Chancen aus. Schließlich hatte ich in der wichtigen Rubrik »Außerschulische Aktivitäten« Eindrucksvolles zu bieten: Ich war Texter eines aus lauter Teenagern zusammengesetzten Cabaret-Ensembles und hatte – als Sechzehnjähriger – mein erstes Theaterstück geschrieben, das auch tatsächlich inszeniert und aufgeführt werden sollte. (Es hieß *Das offene Tor* und war, im Rückblick gesehen, unerträglich pubertär.)

Ich kam auch tatsächlich ins Finale, wo dann nur noch zwei Bewerber im Rennen um das begehrte Flugticket waren. Der eine hieß Lewinsky und der andere Pfyffer von Altishofen, Judenbub gegen Stadtadel. Liebe Enkel, falls ihr dieses Buch tatsächlich einmal lest: Ihr dürft dreimal raten, wer von uns beiden wohl nach Amerika gefahren ist.

*

Der erste Koffer mit dem Aufkleber *Hitler auf dem Rütli* ist durchwühlt. Zu meiner Überraschung muss ich feststellen: Alle Schmuggelware, die ich dabei zu Tage gefördert habe, stammt aus meiner Jugendzeit. Nichts, aber auch gar nichts, hatte mit mir als Erwachsenem zu tun. Und dabei hatte ich, als ich dieses Buch schrieb, doch schon eine Menge erlebt: Ich war verheiratet, hatte zwei Kinder, und nach Jahren am Theater und beim Fernsehen hatte ich gerade eine dritte Berufskarriere als freier Autor begonnen. Von all dem finde ich in meiner ersten größeren literarischen Arbeit keine Spur. Braucht es so lang, bis etwas Erlebtes in den Hinterkopf verschoben wird, von wo aus es sich dann in einen Text einschleichen kann, oder war ich einfach noch nicht reif genug, um eigene Erfahrungen mit dem nötigen Abstand zu betrachten?

Ich weiß es nicht. Vielleicht sollte man solche kritischen Fragen doch besser den Germanisten überlassen.

Mattscheibe

1991

Zu diesem Buch oder, genauer gesagt, zum Schreiben dieses Buches gehören für mich zwei ganz konkrete Erinnerungen. Beide Momente spielen sich im Untergeschoss unseres Seebacher Häuschens ab, wo ich in einer ehemaligen Sauna meinen Arbeitsplatz hatte.

An einem Sonntagmorgen kam mein damals etwa fünfzehnjähriger Sohn zu mir ins Büro, sah mich am Schreibtisch sitzen und sagte: »Du arbeitest auch noch am Sonntag? Jetzt spinnst du endgültig.« Und ich antwortete: »Ich arbeite doch gar nicht. Ich schreibe ein Buch.«

Ich befürchte, er hat den Satz als eine der schlechten Pointen betrachtet, die ich viel zu häufig produziere. Aber meine Antwort war überhaupt nicht ironisch gemeint. Für mich war völlig klar, dass die Beschäftigung mit einem eigenen Projekt etwas völlig anderes ist als die Verfertigung eines bestellten Textes, auch wenn beide Tätigkeiten äußerlich darin bestehen, dass jemand auf einer Tastatur herumhackt und dabei zu viel Kaffee trinkt.

Die zweite genauso unvergessliche Erinnerung gehört zu dem exakten Moment, als ich den letzten Satz meines Manuskripts in den Computer getippt hatte und die Arbeit beendet war. Mich erfasste ein nie vorher gekanntes Gefühl des Stolzes. Am liebsten hätte ich das Fenster aufgerissen und der Welt mitgeteilt: »Ich habe ein Buch geschrieben.« Ach was: »ICH HABE EIN BUCH GESCHRIEBEN!!!«, hätte es heißen müssen, in lauter Großbuchstaben. »DIESMAL GANZ ALLEIN!!!«, hätte es heißen müssen, mit mindestens drei Ausrufezeichen. Zum Glück gab es in meinem Kellerbüro kein Fenster.

Ich habe einen solchen Überschwang der Befriedigung und Freude über das Geschaffte bei keinem anderen Buch mehr erlebt. Und auch der am Anfang geradezu feierliche Moment, wenn man das erste gedruckte Exemplar ins Regal stellt, ist immer mehr zur alltäglichen Geste geworden. Ich frage mich, ob das an der Wiederholung des schon mehrmals Erlebten liegt oder einfach an der Tatsache, dass alle Emotionen mit zunehmendem Alter ihren Glanz verlieren.

Mattscheibe war meine persönliche Abrechnung mit der Welt der Fernsehunterhaltung. Ich wollte die Dinge, die ich dort erlebt und beobachtet hatte, übertreiben und verzerren, um damit die ganze Lächerlichkeit dieses Gewerbes in parodistischer Weise sichtbar werden zu lassen. Ich fürchte, es ist mir nicht gelungen. Es gibt Dinge im Fernsehprogramm, die kann man nicht parodieren, weil sie es schon selber tun. Der Zwang, die Aufmerksamkeit des Zuschauers immer wieder neu und mit immer stärkeren Mitteln zu erregen, führt zu einer permanenten Steigerung der Effekte, die irgendwann ganz von selber lächerlich wird. Mein Versuch, in diesem Buch mit *Ätsch!* die geschmackloseste TV-Show aller Zeiten zu erfinden, wirkt heute neben Sendungen wie *Ich bin ein Star, holt mich hier raus* geradezu großmütterlich bieder. Wie der berühmte Showman P.T. Barnum es einmal formuliert hat: »Es ist noch niemand pleitegegangen, weil er das Publikum *unter*schätzt hat.«

Nachdem ich das Buch geschrieben und beim Haffmans-Verlag untergebracht hatte, kam es mir immer unehrlicher vor, mich einerseits über die Fernsehunterhaltung lustig zu machen und gleichzeitig weiterhin für irgendwelche uninteressanten Sendungen gutbezahlten Schwachsinn abzusondern. (Oder ernst zu bleiben, wenn in einer Drehbuchbesprechung eine Viertelstunde lang über die Frage diskutiert wurde, ob in einer Weihnachtssendung auch die Bauchrednerpuppe festlich angezogen sein müsse.) Als ich mich dann eines Tages dabei ertappte, dass ich, während ich an einem Drehbuch für eine dieser Jodel-Schunkel-Sendungen schrieb, auf der Suche nach einem Hörspiel am Senderknopf des Radios herumdrehte, um wenigstens ein bisschen geistige Anregung zu haben, da wurde mir klar: Jetzt musst du einen Schlussstrich ziehen! Damit mich die Verlockung der Honorare – und die waren wirklich gut – nicht von meinem Entschluss abbringen konnte, schrieb ich meinen sämtlichen Auftraggebern bei den verschiedenen Sendern einen Brief, in dem ich ihnen mitteilte, ab nächstem Sommer würde ich als Autor nicht mehr zur Verfügung stehen, sie sollten sich also rechtzeitig nach einem Ersatz umsehen. Und dann begann das große Zittern. Weil ich nämlich keine anderen Aufträge in Aussicht hatte, mit denen ich meine Familie hätte ernähren können.

Bis dann doch etwas auftauchte und eine neue Tür aufging. Aber das ist eine andere Geschichte.

*

Mattscheibe verknüpft Geschichten aus den verschiedensten Bereichen der Fernsehunterhaltung. Da gibt es einen Schauspieler, der so oft einen Arzt gespielt hat, dass er sich schließlich selber für einen

Wunderheiler hält, einen Musikagenten, der einen völlig gesunden Volksmusikanten in einen Rollstuhl setzt, weil Behinderte beim zahlenden Publikum immer gut ankommen, einen Starmoderator auf der verzweifelten Suche nach einem Einfall für seine neue Sendung – und Menschen, die zu allem bereit sind, nur um auch einmal im Fernsehen auftreten zu dürfen. Ich weiß nicht, wie ich auf den Gedanken kommen konnte, daran sei irgendetwas übertrieben.

Wenn sich bei *Hitler auf dem Rütli* lauter Jugenderinnerungen in das Buch eingeschlichen hatten, so musste ich mich bei *Mattscheibe* der Versuchung erwehren, einfach die Menschen abzubilden, mit denen ich bei der Arbeit fürs Fernsehen jeden Tag zu tun hatte. Es ist mir nicht in jedem Fall gelungen. In Herrn Marhenke, dem mit allen Wassern gewaschenen Musikagenten, erkannte jeder aus unserem Gewerbe sofort Hans R. Beierlein, der in der Volksmusik sämtlicher Sender – und nicht nur dort – die geschäftlichen Fäden zog.

Er hatte viele Millionen an den Gefühlen seiner Mitmenschen verdient, und mit jeder Million war sein Umgangston milder geworden. Wenn er in einem Interview von dem Glück sprach, das die von ihm produzierte Mu-

sik ihren Hörern bereitete, dann nahm seine Stimme die Konsistenz wohlduftender Vaseline an, und jeder Geschäftspartner, den Herr Marhenke über den Tisch gezogen hatte, verließ das altdeutsche Privatbüro so beseligt, als habe er gerade eine Privataudienz beim Papst hinter sich und die Goldenen Schallplatten an den Wänden seien lauter Heiligenbilder gewesen.

Hans Beierlein war der beste Verhandler, der mir je begegnet ist. Danebenzusitzen und zu beobachten, wie er einen Gesprächspartner einseifte, war zwar unmoralisch, aber ein ästhetischer Genuss. Ich habe Leute, die ihr Handwerk beherrschen, schon immer bewundert.

Zu seinem Erfolg gehörte es auch, dass er immer über alles informiert war. Das Buch war gerade erst erschienen, als er auch schon bei mir anrief und ganz ohne Vorwurf sagte: »Ich höre, du hast mich da in deinem Roman gewaltig verarscht. Bin ich mit dieser Figur gemeint?«

»Klar bist du das«, sagte ich. »Und wenn du mir einen kollegialen Gefallen tun willst, verklagst du mich deshalb auf Beleidigung. So eine Reklame wäre bestimmt gut für den Verkauf. Aber wie ich dich einschätze, bist du viel zu schlau für so etwas und wirst allen Leuten sagen: ›Wie kommen Sie denn darauf, dass ich damit gemeint sein sollte? Ich bin doch ganz anders.‹«

Genau so hat es Beierlein dann auch gemacht. Er hat sogar mit seinen Beziehungen dafür gesorgt, dass *Mattscheibe* in den Boulevardzeitungen besprochen wurde. Weil er sich so sehr über die Figur des Musikagenten amüsiert habe, der mit ihm natürlich nichts, absolut nichts, zu tun hatte. Und er hatte ja auch recht damit: Er hat nie einen künstlichen Behinderten erfunden, um die Verkaufszahlen einer Volksmusik-CD zu steigern.

Aber vielleicht war das ja auch nur, weil es ihm nicht eingefallen ist.

*

Eine der Figuren, die ich mir für diesen parodistischen Roman ausgedacht habe, ist der Unterhaltungschef Waschoda, der mit jeder seiner Sendungen Einschaltquotenrekorde bricht, ohne dass sich seine Mitarbeiter erklären können, wie ihr Vorgesetzter es immer wieder schafft, die Wünsche des Publikums so punktgenau zu erraten. Sein Geheimnis ist seine Haushälterin. Frau Gutermuth ist von der Natur mit einem perfekt schlechten Geschmack gesegnet und stimmt deshalb in ihren

Vorlieben immer mit der Mehrheit der Zuschauer überein. In der viel prosaischeren Wirklichkeit des Unterhaltungsgewerbes ist mir natürlich nie jemand begegnet, der diese private Art der Meinungsumfrage betrieben hätte, aber ungenauer als das, was sich in diesem Bereich wissenschaftlich nennt, wäre sie auch nicht gewesen.

(Ich kann mich heute noch hämisch darüber freuen, dass eine meiner erfolgreichsten Sendungen von der Publikumsforschung im Vorfeld der Ausstrahlung als sicherer Flop eingestuft wurde.)

Wie gesagt: Der unfehlbare Abteilungsleiter hat kein Vorbild in meiner Erfahrung. Ganz im Gegensatz zu einer gar nicht so seltenen anderen Spezies, die ich deshalb so gut schildern konnte, weil ich mich selber dazu zählte. Ich meine jene Redakteure, die es in die Unterhaltung verschlagen hat, ohne dass sie das jemals beabsichtigt hätten.

… während Beinbacker vor dem wortlos besoffenen Rössler auf den Knien lag und schluchzend erklärte, eigentlich sei er ja Kunstgeschichtler und habe über Degas' Verhältnis zu Frauen dissertieren wollen.

Kunstgeschichtler war ich nie, aber mit der Theaterwissenschaft hatte ich mir ein genauso brotloses

Studienfach ausgesucht. Und wie Kollege Beinhacker hatte ich nie, wirklich nie, die Absicht, Karriere in der Fernsehunterhaltung zu machen. Es hat mich dorthin verschlagen, weil das Schweizer Fernsehen mal wieder das betrieb, was man dort bis heute am liebsten macht: eine Reorganisation.

Und weil mein Sohn Micha seine ersten Worte sagte.

So hing das zusammen:

Natürlich erfüllte mich jedes Wort, das mein Sohn mehr oder weniger verständlich artikulierte, mit väterlichem Stolz, aber weil wir damals in Kassel wohnten, wo ich am Staatstheater engagiert war, hatten seine ersten Sprachversuche einen nicht zu überhörenden hochdeutschen Akzent, und ich merkte zu meiner eigenen Überraschung, dass mich das irritierte. Mehr als nur irritierte. Da war ich all die Jahre in unserem Nachbarland von Theater zu Theater getingelt, und nie hatte mich die hochdeutsche Umgebung gestört. Und jetzt war mir die Vorstellung, dass mein Sohn mit Hochdeutsch aufwachsen sollte, absolut unerträglich. Schweizerdeutsch musste es sein und nichts anderes.

Bis heute kann ich mir nicht wirklich erklären, was diese plötzliche Abneigung gegen eine Sprache, die ich doch selber jeden Tag sprach, ausgelöst hat. Sie war einfach da, und zwar so heftig, dass ich zusammen mit meiner Frau den Entschluss fasste, mitten in der Spielzeit meinen Vertrag aufzulösen und mir eine Stelle in der Schweiz zu suchen.

Das erste Angebot, das ich bekam, war wieder an meinem alten Stadttheater Luzern, wo man einen Schauspieldramaturgen suchte. Am Vorabend meines Vorstellungsgesprächs mit dem Intendanten sah ich mir dort eine Vorstellung an – und bin am nächsten Tag weggefahren, ohne zu der Verabredung zu erscheinen. Die Inszenierung, die ich gesehen hatte, war so grauenhaft gewesen, dass ich wusste: An einem Theater, wo so etwas auf die Bühne kommt, will ich nicht engagiert werden.

Vielleicht musste es ja auch nicht unbedingt ein Stadttheater sein. Ich hatte schon seit einiger Zeit Zweifel daran gehabt, ob mein Talent ausreichen würde, um ein mehr als brauchbarer Regisseur zu werden, und so griff ich zu, als sich mir die Gelegenheit bot, meine berufliche Perspektive ein bisschen zu verändern.

Im Schweizer Fernsehen gab es eine Abteilung »Theater und Unterhaltung«, und dort wurde ein Volontär gesucht. Fernsehspiel, dachte ich, könnte genau der richtige nächste Karriereschritt sein. Ich schrieb meine Bewerbung und wurde auch genommen. Die Tür zu einer neuen interessanten Sparte schien sperrangelweit offenzustehen.

Wenn nicht diese Reorganisation dazwischengekommen wäre.

An meinem ersten Arbeitstag wurde ich meinen neuen Kollegen vorgestellt. Oder doch einem Teil meiner Kollegen. An manchen Türen gingen wir vorbei, ohne anzuklopfen. Seitdem ich meinen Vertrag unterschrieben hatte, erklärte man mir, habe mal wieder eine Reorganisation stattgefunden, Theater und Unterhaltung seien jetzt zwei getrennte Abteilungen, und meine Planstelle sei der Unterhaltung zugeschlagen worden. Man muss meinem Gesicht angesehen haben, dass ich über diese Neuigkeit nicht erfreut war. Wenn ich mich in meinem neuen Wirkungsfeld nicht wohlfühle, fügte der Abteilungsleiter deshalb fürsorglich hinzu, habe er volles Verständnis und sei gern bereit, den gerade angetretenen Vertrag gleich wieder aufzulösen.

Was natürlich nicht in Frage kam. Ich war für den neuen Job gerade wieder in die Schweiz gezogen, hatte einen kleinen Sohn, und meine Frau war mit unserem zweiten Kind schwanger. Irgendwie musste ich Geld verdienen. Es blieb mir also nichts anderes übrig, als die Zähne zusammenzubeißen und ab sofort Unterhaltungsmacher zu sein. Was ich dann auch ein paar Jahre lang blieb.

Nein, eine Dissertation über Degas' Verhältnis

zu Frauen wollte ich nie schreiben. Aber ich kann aus eigener Erfahrung nachfühlen, warum Herr Beinhacker ins Schluchzen geriet, wenn er daran dachte.

(Wie das Schicksal es wollte, habe ich dann in meinem ersten Jahr als Volontär mehrere Fernsehspiele für die Abteilung Unterhaltung geschrieben. Aber das ist eine andere Geschichte.)

*

Redakteure lernte ich im Lauf der Jahre viele kennen, vor allem als ich nach meinem Abschied vom Schweizer Fernsehen ein paar Jahre als freier Autor durch die deutsche TV-Landschaft tingelte. Und so kommen in *Mattscheibe* auch mehrere Vertreter dieses Berufes vor. Da das Buch als Parodie konzipiert war, hatte ich mir vorgenommen, sie nie eins zu eins so darzustellen, wie sie in Wirklichkeit waren, sondern ihre an und für sich schon lächerlichen Eigenschaften immer noch gewaltig zu übertreiben. Bei einem real existierenden ZDF-Redakteur funktionierte das allerdings nicht. Im Gegenteil: Ich musste seine Eigenheiten sogar abmildern. Ich hätte mich sonst dem Vorwurf ausgesetzt, beim Übertreiben allzu sehr zu übertreiben.

So habe ich ihn geschildert:

Die Kunst, seine Untätigkeit hinter einem Rauchschleier von unentwegter Aktivität zu verbergen, hatte Schmidt-Schmitt zu absoluter Meisterschaft entwickelt. Er war Mitglied von zahlreichen hausinternen Kommissionen, die zwar alle keine Ergebnisse, aber dafür erhebliche Mengen von Spesen produzierten, sein Schreibtisch war mit einem Wall von Drehbüchern, Exposés und Konzepten gegen jede zusätzliche Aufgabe verbarrikadiert, und seine spärliche Anwesenheit im Büro war so geschickt auf Abende und Sonntage verteilt, dass er immer schon am Dienstag mit dem Abfeiern von Überstunden für den Rest der Woche beginnen konnte.

Das alles traf auf das Original auch zu. Aber die Wirklichkeit trägt manchmal allzu dick auf, und so musste ich die hervorstechendste Eigenschaft dieses Redakteurs weglassen: Der reale Schmidt-Schmitt war auch noch Alkoholiker. Ein schwerer Alkoholiker. Nüchtern war er eigentlich nur bei der Planung seiner arbeitssparenden Überstunden.

Das Erlebnis, das ihn mir unvergesslich machte und ihm damit einen Platz in *Mattscheibe* sicherte, erscheint mir im Rückblick so abstrus, dass ich meiner Erinnerung daran nicht wirklich vertraue, auch wenn mir mein Gedächtnis versichert, genau so und nicht anders sei es gewesen.

Um welche Sendung es sich handelte und in welcher Stadt der Tross der fröhlichen Fernsehmacher gerade Station machte, weiß ich nicht mehr. Es spielt auch keine Rolle. Die Fernsehshows, die das ZDF damals im Akkord fabrizierte, glichen sich alle so sehr wie die Stadthallen, in denen das Live-Publikum sie beklatschte. Als Verfasser des Drehbuchs wurde ich jeweils zu den Proben eingeflogen, um bei eventuellen Textproblemen Erste Hilfe leisten zu können. An diesem Abend schien es keine solchen Probleme zu geben, und ich hatte mich schon mit einem Buch in mein Hotelzimmer zurückgezogen, als das Telefon klingelte. Ein hörbar aufgeregter Aufnahmeleiter bat mich, sofort, aber wirklich SOFORT, in die Halle zurückzukommen, Herr Schmidt-Schmitt sei durchgedreht und schreie nach mir. (In Wirklichkeit hieß er natürlich anders, aber sein wirklicher Name spielt keine Rolle.)

Der Herr Redakteur war so besoffen, wie ich ihn noch nie erlebt hatte. Unter dem Einfluss von ich weiß nicht wie vielen Schnäpsen – Wodka-Feige war damals bei den Fernsehleuten in Mode – meinte er, in meinem Drehbuch einen so grundsätzlichen Fehler entdeckt zu haben, dass die Probenarbeiten bis zu dessen Behebung angehalten werden mussten. Da die Zeit bei solchen Produktionen immer knapp bemessen ist, hatte er mit diesem Befehl eine mittlere Panik ausgelöst, aber in der Allmacht seiner doppelten Funktion als Redakteur und Produzent bestand er darauf, jede Tätigkeit müsse eingestellt bleiben. Das sei er, hatte er erklärt, seiner künstlerischen Verantwortung schuldig. (Ich kann nicht beschwören, dass er tatsächlich »künstlerisch« gesagt hat. Das Wort ist bei höheren Promillegraden nicht leicht auszusprechen.)

Der Aufnahmeleiter erwartete mich schon beim Eingang zur Halle. »Was immer er hat, Sie müssen es ihm ausreden«, sagte er flehend, »wir werden sonst nicht fertig.«

Das schwerwiegende Problem – man musste schon sehr besoffen sein, um es zu entdecken – sah so aus: »Die Ansagen in Ihrem Drehbuch«, lallte Schmidt-Schmitt, »sind im Viervierteltakt geschrieben. Gute Ansagen müssen aber immer im Dreivierteltakt geschrieben sein! Das muss alles sofort umgetextet werden!«

Wenn er drei oder vier Schnäpse weniger intus gehabt hätte, würde ich vielleicht versucht haben, ihm zu erklären, dass meine Ansagen in gar keinem Takt geschrieben seien, es handle sich ja schließlich um Prosa und nicht um Verse. Aber mit Logik wäre ich gegen die Sturheit eines Besoffenen nicht angekommen. Also widersprach ich ihm nicht, sondern lobte im Gegenteil sein sprachliches Feingefühl. »Diesen Fehler hätte kaum ein anderer Redakteur bemerkt«, sagte ich, »aber zum Glück lässt er sich leicht beheben. Wir streichen aus der ersten Ansage ein ›und‹ heraus, dann hat das Buch eine Silbe weniger, und aus dem Viervierteltakt ist ein Dreivierteltakt geworden.«

»Sehr gut«, sagte er. »Weitermachen!« Und die Probe nahm ihren Fortgang.

Ich habe dieses Erlebnis seither oft erzählt. Deshalb kann ich nicht ausschließen, dass ich die Ereignisse bei jeder Wiederholung ein bisschen mehr pointiert und zugespitzt habe. Es wäre nur menschlich. Aber egal. *Tant pis pour les faits,* wie der Franzose sagt.

*

Beim Wiederlesen merke ich, dass ich es mir beim Erfinden der Charaktere trotz aller guten Vorsätze manchmal verdammt einfach gemacht habe. Ähnlichkeit allein macht noch keine Karikatur. Bei einer Figur aus *Mattscheibe* – genauer gesagt: bei ihrem Vorbild in der realen Welt – muss ich mich hier sogar entschuldigen.

Wenn die äußerst spießige Moderatorin Isolde Zinger beschrieben wird, erkennt jeder, der zu meiner Zeit Fernsehen gemacht oder geschaut hat, auf Anhieb, wer mir dafür als Vorbild gedient hat.

Isolde Zingers Diktion war so gepflegt wie ihre Frisur, bei der es kein Härchen gewagt hätte, aus der anmutig gelockten Reihe zu tanzen. Die Gründlichkeit, mit der sie ihm die Regeln der Sendung erklärte, erinnerte Minister Keller an die pädagogischen Methoden seiner ersten Sonntagsschullehrerin, die ebenfalls die Angewohnheit gehabt hatte, jedem ihrer Sätze mit erhobenem Zeigefinger Nachdruck zu verleihen.

Ja, ich gebe es zu, mir schwebte beim Schreiben dieses Kapitels Carolin Reiber vor, ein Urgestein des öffentlich-rechtlichen Fernsehens. Ja, ich habe Carolin als überkorrekte, detailversessene Perfektionistin erlebt, und, ja, auch ich habe grinsend die Unfallmeldung weiterverbreitet, die damals in der Branche die Runde machte: »Carolin Reiber stolperte auf der Treppe und brach sich die Haare.«

Natürlich, das sei zu meiner Verteidigung angeführt, außer ihr wäre niemand auf den Gedanken gekommen, telefonisch bei mir anzufragen, ob ich als Autor etwas dagegen hätte, wenn sie statt der im Drehbuch vermerkten Worte »Guten Abend« doch lieber »Grüß Gott« sagen würde. (Nichts hätte mir gleichgültiger sein können.) Und, ja, niemand außer ihr hätte es als unüberwindbares stilistisches Problem empfunden, in einer weißblau dekorierten Zirbelstube statt Bier eine Tasse Tee zu servieren. Dazu musste in einem anderen Zimmer neu aufgedeckt werden. Wenn man nach dem perfekten Adjektiv sucht, um sie zu beschreiben, auch das ist nicht zu bestreiten, tippt sich das Wort »spießig« fast von selber in die Tastatur.

Und trotzdem …

Entschuldigt, liebe Enkel. Aber jetzt muss ich mich kurz an jemand anderen wenden.

Liebe Carolin, mit dreißigjähriger Verspätung bitte ich dich um Verzeihung für die lieblose Karikatur, die ich in diesem Buch aus dir gemacht habe. Statt mich von deiner fleckenfreien Art zu moderieren nur inspirieren zu lassen und auf dieser Basis eine ganz neue Figur zu erschaffen, habe ich mich mit einem grobschlächtigen Zerrbild begnügt, und wenn die Leser das Vorbild erkannt und daraus geschlossen haben, so und nur so sei dein Charakter, dann tut mir das leid. Denn ich habe zu vieles von dem weggelassen, was dich bei aller Spießigkeit zu einer so liebenswerten Person machte.

Erstens: Du bist die fürsorglichste und hilfsbereiteste Kollegin, der ich je begegnet bin. Ich werde dir nie vergessen, wie du mir damals – ohne dass ich dich darum gebeten hätte – geholfen hast, ein schwergewichtiges Hochzeitstaggeschenk für meine Frau aus Deutschland in die Schweiz zu transportieren.

Und zweitens: Von all den Leuten, für die ich je Sätze formuliert habe, die sie dann in die Kamera sprechen konnten, warst du am zuverlässigsten und professionellsten. Ohne Ausnahme. Erster Preis und Goldmedaille.

Die Kür in dieser schwierigen Disziplin hast du bei einer Operngala in der Arena von Verona abgeliefert. Es fing damit an, dass du am Nachmittag noch schnell in München eine andere Sendung zu moderieren hattest und die Produktion dich deshalb mit einer Kleinmaschine einfliegen ließ, die leider über den Alpen in einen gewaltigen Sturm geriet. Du hattest einen deiner Söhne auf den Kurztrip mitgenommen, und der kotzte während des Schüttelfluges die ganze Kabine voll. Entschuldige, Carolin, solche Worte gebraucht man in deiner Gegenwart nicht. Sagen wir also: Er vomierte. Und stolperte dann grün im Gesicht und von oben bis unten verdreckt aus der Maschine. Hinter ihm kamst du, frisch frisiert und wie aus dem Ei gepellt. Und sagtest: »Gibt es irgendwelche Änderungen?«

Zwei Stunden später hast du dann in der Arena die Parade der Sänger angesagt, als ob nichts passiert wäre. Dafür ging während der Aufzeichnung umso mehr schief. Du wechseltest dich nämlich für die Ansagen mit einem italienischen Kollegen ab, und der hielt sich an kein Drehbuch, sondern schwadronierte frisch-fröhlich drauflos. Und schwadronierte und schwadronierte, jedes Mal ein bisschen länger. Den Zuschauern, die ihre teuren Eintrittskarten wegen der Sänger gekauft hatten, gefiel das gar nicht, und als er wieder zu einer selbstgefälligen Suada ansetzte, brüllten sie ihn aus der Arena. Ich weiß nicht, wie viele Zuschauer an diesem Abend gekommen waren, mir schienen es Tausende zu sein, und alle schrien sie im Chor: *»Arrivederci!«* Dein Moderationspartner muss sich vorgekommen sein wie ein antiker Gladiator, wenn die Daumen ringsum nach unten zeigen. Er flüchtete von der Bühne und weigerte sich, noch einmal aufzutreten. Er hatte wohl Angst, man würde Löwen auf ihn loslassen.

Du und ich, Carolin, standen in einem Sattelgang, der seit den Zeiten der alten Römer nicht mehr gefegt worden war, und hatten genau eine Arie lang Zeit, uns zu überlegen, wie die Situation zu retten sei. Ich schlug vor, dass du bei der nächsten Ansage alle geschriebenen Texte vergessen und nur sagen solltest: »Über die nächste Arie ließe sich eine Menge erzählen, aber wir sind nicht hier, um zu reden, sondern um Musik zu hören.«

Kaum jemand anderes hätte sich vor diese wütende Zuschauermenge hinausgetraut, aber du hast meinen Rat befolgt und genau diesen Satz gesagt – zu meiner großen Überraschung auf Italienisch. Die Zuschauer haben dich bejubelt, und der Abend war gerettet. Erst als die Aufzeichnung im Kasten war, hast du darum gebeten, es solle doch bitte jemand im Hotel anrufen, um zu sehen, ob es deinem Sohn wieder bessergehe.

Nein, liebe Carolin, jemanden, der seinen Beruf so professionell ausübt, darf man nicht wegen seiner Spießigkeit zur Karikatur machen. *Mea maxima culpa.* Aber zum Glück bist du ganz Dame und wirst mir deshalb verzeihen.

*

Parodien, das habe ich bei *Mattscheibe* gelernt, erlauben es dem Autor, sich hinter dem eigenen, hoffentlich gut gezündeten Pointenfeuerwerk zu verstecken und von der eigenen Befindlichkeit nichts zu verraten. Man schreibt gewissermaßen auf Distanz, eine Arbeitsweise, die sich gar nicht so anders anfühlt als das Verfassen von Drehbüchern für Unterhaltungssendungen. Entsprechend habe ich beim Wiederlesen auch nichts wirklich Eigenes angetroffen, sondern nur Figuren, denen auch tausend andere so oder so ähnlich begegnet sind.

Beim nächsten Buch, nahm ich mir damals vor, wollte ich ein bisschen tiefer graben.

Talkshow (Schuster)
1997

Talkshow (ursprünglich hieß der Roman nach einer seiner Hauptfiguren *Schuster*) spielt auch wieder im Fernsehmilieu, aber diesmal in einem Bereich, den ich nicht als Macher, sondern nur als Zuschauer kannte. Es war damals die große Zeit der nachmittäglichen Gesprächsrunden, in denen von demonstrativem Mitgefühl triefende Moderatoren – einer war tatsächlich Pfarrer – medienungeübte Durchschnittsbürger dazu brachten, ihre intimsten Probleme vor laufenden Kameras auszubreiten. Die Fernsehzuschauer durften dabei nach Herzenslust Voyeure sein.

(Ihr werdet solche Talkrunden nicht mehr kennen, liebe Enkel. Ihre Funktion wurde längst von den Realityshows übernommen, für die man sich nicht mehr die Mühe machen muss, Menschen mit erzählenswerten Schicksalen zu finden. Man erfindet die Schicksale lieber professionell und lässt sie von kostengünstigen Laien darstellen. Je schlechter die ihre Rollen spielen, desto mehr erwecken sie den Anschein der Wirklichkeit. Oder ist diese Sendeform unterdessen auch schon wieder ausgestorben? Das würde mich sogar posthum noch freuen.)

Da mir die Entstehung einer Talkshow nicht aus eigener Erfahrung vertraut war, musste ich mich stärker als bei *Mattscheibe* auf Phantasie und Vorstellungskraft verlassen, musste mir erdenken, was ich nicht selber erlebt hatte. Dabei machte ich die für mich damals überraschende Erfahrung, dass gerade dieses Nichtwissen – oder genauer gesagt: das damit verbundene gründlichere Nachdenken – mehr gefühlte Wirklichkeit produzierte als ein Übermaß an eigenem Erleben. Dass etwas tatsächlich passiert ist, macht es noch lang nicht schreibens- oder beschreibenswert.

Bei *Talkshow* habe ich auch zum ersten Mal bewusst nach der richtigen Sprache für ein Buch gesucht. Schreiben lernt man beim Schreiben, und so war ich vorher gar nicht auf den Gedanken gekommen, dass sich nicht jede Geschichte mit denselben sprachlichen Mitteln erzählen lässt. Natürlich gibt es viele große und berühmte Kollegen, die genau umgekehrt vorgehen und jedes Thema ihrer eigenen, ganz persönlichen Sprache unterordnen, aber für mich, merkte ich, war das nicht der richtige Weg.

In diesem Fall wollte ich die Gehetztheit einer

solchen Serienproduktion auch mit stilistischen Mitteln zeigen. Ein Team, das an jedem Wochentag eine Sendung liefern muss, ist permanent im Zeitdruck, muss immer schon an die nächste und die übernächste Ausgabe denken, während die aktuelle noch gar nicht im Kasten ist. Man sprintet mit letzten Kräften auf den rettenden Tunnelausgang der Sommerpause zu, während einen die Lokomotive des Termindrucks jeden Moment einzuholen droht.

Um diese Stimmung wiederzugeben, benutzte ich viele kurze Sätze, denen oft das grammatikalisch eigentlich erforderliche Subjekt, das Prädikat oder beide Elemente fehlten. Die Beschreibung eines Zimmers in einem Frauenhaus liest sich so:

> *Im Sprechzimmer vier Stühle, keiner gleich wie der andere. Wie Delegierte aus vier verschiedenen Wohnungen, zu einer Sitzung um den alten Küchentisch versammelt. Eine Séance zum Beschwören einer besseren Vergangenheit. Einer besseren Zukunft. Jemand hatte ein pfeildurchbohrtes Herz mit Initialen in die Tischplatte geritzt, jemand anderes die Buchstaben wieder ausgekratzt. Vielleicht derselbe Jemand. Dieselbe Jemandin. Tiefe, wütende Kerben.*

Seither ist die Suche nach der richtigen, zur Geschichte passenden Sprache für mich fast zum wichtigsten Arbeitsschritt geworden, der manchmal während Monaten immer neue Formulierungsversuche notwendig macht.

Aber es soll in diesem Buch ja nicht um handwerkliche Fragen gehen, sondern um die Suche nach der Konterbande persönlicher Erfahrungen, die ich, ohne es zu merken, in meinen Erzählkoffer gepackt habe.

*

Bei *Talkshow* musste ich einige Kapitel lesen, bis ich zum ersten Mal fündig wurde, und das auf überraschende Weise. Die Situation im Buch: Der Talkmaster Schuster, ein früherer Schauspieler, klagt darüber, dass seine Sendung nicht mehr die erwarteten Einschaltquoten bringt.

> *In Schusters Monolog kam jetzt der weinerliche Teil. »Es hängt alles an mir. Alles. Ich muss da raus und meinen Kopf hinhalten. Tag für Tag.« Die hellen Vokale gefielen ihm so gut, dass er sie ein zweites Mal erklingen ließ. »Taaag für Taaag.«*

»Hohe Töne müssen auf a gesungen werden«, sagte

Heinz Gietz. »Niemals auf i oder e.« Er wird dabei seine Zigarette ausgedrückt und die nächste angezündet haben, denn er war Kettenraucher. Zu meinen Erinnerungen an ihn gehören entzündete Augen und der Geruch nach kaltem Rauch. Bei jedem anderen hätte ich vor dieser permanenten Einnebelung die Flucht ergriffen, aber wie es Gustav Gründgens in seiner Ansprache zu Jürgen Fehlings fünfundsiebzigstem Geburtstag formulierte: »Wer von einem Ungewöhnlichen Ungewöhnliches erwartet, muss bereit sein, Ungewöhnliches dafür zu leisten.« Also versuchte ich, meinen Raucherhusten aus zweiter Hand nicht allzu vorwurfsvoll klingen zu lassen, und hörte zu. Es gab so vieles, was ich von ihm lernen konnte.

Getroffen haben wir uns bei *Musik ist Trumpf*, der bombastischsten aller ZDF-Showsendungen. Er hatte die musikalische Leitung, ich schrieb das Drehbuch. Für gewöhnlich haben diese beiden Funktionen wenig miteinander zu tun, aber der Präsentator Harald Juhnke wollte gern auch ein Lied singen, und so schrieben wir zusammen eines. Und dann noch eines und noch eines und noch eines. Die Zusammenarbeit machte uns solchen Spaß, dass wir auch welche schrieben, wenn uns niemand einen Auftrag dafür gegeben hatte.

Dabei – manchmal denke ich, das ist das Geheimnis aller guten Partnerschaften – passten wir überhaupt nicht zusammen. Er war ein Vierteljahrhundert älter als ich und ein berühmter Mann, während ich damals noch ein rechter Neuling im Lohnschreibergewerbe war. Später habe ich ihn einmal gefragt, in welchem Moment er den Grad seiner Popularität realisiert habe. Seine Antwort hat mit dem Thema dieses Buches absolut nichts zu tun, aber sie ist zu schön, um nicht für die Ewigkeit – oder zumindest für euch, liebe Enkel – festgehalten zu werden. »Ich ging einmal spätnachts durch Berlin«, sagte er, »und hörte eine besoffene Hure singen: *Scheiß in das Schlauchboot der Liebe!* Da wusste ich: Jetzt bin ich berühmt.«

Denn den Ohrwurm vom Traumboot der Liebe hatte natürlich auch er komponiert.

Das Klavier, an dem er vom Morgen bis in die Nacht hinein saß, war weltweit der einzige Aschenbecher mit achtundachtzig Saiten. Ich sehe den Zettel noch vor mir, den er daran befestigt hatte: »Wenn Franz Schubert ein Musikstück arrangierte«, stand darauf, »arrangierte er immer zuerst die Hörner.« Da saß Heinz also, die Zigarette im Mund, und erfand Melodien. Manchmal gab eine von mir vorgeschlagene Zeile den Anlass dazu, aber er würde auch weiter komponiert haben, wenn ihn eine böse Fee samt Klavier auf eine einsame Insel versetzt hätte. Einmal, als ich einige Wochen nicht mehr bei ihm gewesen war, hatte er sämtliche Schlagzeilen aus der Tageszeitung in Lieder verwandelt. In der Not komponiert der Teufel Fliegen.

Wir schrieben jeden Tag drei, vier oder noch mehr Lieder, und manchmal war sogar ein Hit dabei. Wenn es dann Abend wurde und der Pegel in der Flasche mit dem Jubiläums-Aquavit um einige Zentimeter gesunken war, fing er an, Geschichten aus seinem Leben zu erzählen. Ich wollte seine Erinnerungen an heimliches Swing-Musizieren in der Nazizeit oder die ersten Auftritte in GI-Clubs immer einmal in ein Buch einbauen, aber der Zusammenhang hat sich nie ergeben. Je älter ich werde, scheint mir, desto weniger kann ich aussuchen, was als Nächstes erzählt werden will.

Ich habe in meinem Leben immer wieder das Glück gehabt, mit einem der Großen seiner Zunft zusammenzuarbeiten und von ihm lernen zu dürfen. Der furchtbar anstrengende, aber geniale Regisseur Fritz Kortner war einer davon und Heinz Gietz, wenn auch in einem sehr viel weniger elitären Gewerbe, ein anderer. Die Ratschläge, die ich von ihm bekam, haben mir im Lauf der Jahre immer wieder weitergeholfen. Wobei der nützlichste von allen gar nichts mit dem Verfertigen von Liedertexten zu tun hatte.

»Das Wichtigste, das du im Leben haben musst«, sagte er einmal hinter seiner Rauchwolke hervor, »ist dein Arschlochgeld auf der Bank.« Und erklärte diese ebenso grobschlächtige wie rätselhafte Sentenz folgendermaßen: »Die Summe ist egal, sie ist auch für jeden Menschen anders. Aber es muss so viel sein, dass du zu jedem Arschloch sagen kannst: ›Mein Herr, Sie sind ein Arschloch, mit Ihnen will ich nicht arbeiten.‹«

Ich habe versucht, nach dieser Maxime zu leben. Immer habe ich es nicht geschafft.

Die meisten Dinge, die mir Heinz Gietz beibrachte, hatten mit dem Zusammenspiel von Text und Melodie zu tun. Wie eben die Regel, dass man für hohe Töne möglichst eine Silbe mit einem a schreiben sollte. Damit der Talkmaster Schuster so ausdrucksvoll jammernd *»Taaag für Taaag«* sagen konnte.

*

Auch Pokorny, Schusters rechte Hand, war früher einmal Schauspieler gewesen und erinnert sich voll Nostalgie an seine Zeit am Theater.

Pokorny hatte Theater heute *immer noch abonniert. Auch wenn er nie mehr darin vor-*

kommen würde. »Ein unverbrauchter Ton, der zu Hoffnungen berechtigt«, hatten sie damals geschrieben. Nur eine Kurzkritik. Aber: »Hoffnungen«.

Sehr viel autobiographischer kann ein Detail nicht werden, obwohl ich *Theater heute* nie abonniert hatte. Aber genau wie Pokorny bin ich einmal darin vorgekommen. Einmal. Es war ein Gefühl, als ob man mich zum Ritter geschlagen hätte.

Es ist mehr als fünfzig Jahre her, und es war meine allererste professionelle Inszenierung. Nur in der Werkstattbühne des Stadttheaters Ingolstadt, die sich in einigen kleineren Details durchaus vom Broadway unterscheidet, aber für mich war es die Welt. Der Intendant hatte mir vier Schauspieler und ein Ausstattungsbudget von fünfhundert Mark zur Verfügung gestellt. »Das Stück kannst du dir selber aussuchen«, hatte er gesagt.

Ich entschied mich für zwei Einakter, Ionescos *Unterrichtsstunde* und Albees *Zoogeschichte*. Weil ich noch keine Ahnung davon hatte, wie schwierig der Beruf des Regisseurs eigentlich ist, inszenierte ich fröhlich drauflos und kann dabei – mehr aus Zufall als aus Können – keine größeren Fehler gemacht haben. Denn über diese völlig unwichtige Inszenierung auf der völlig unwichtigen Nebenbühne eines völlig unwichtigen Provinztheaters erschien doch tatsächlich eine lobende Besprechung in *Theater heute*. Ich weiß nicht, welche Bedeutung diese Zeitschrift heute für Theaterleute hat, damals war sie für uns das monatlich erscheinende Evangelium. In *Talkshow* habe ich es später so formuliert:

> *Wie Schuster gerne scherzte: »Die Onaniervorlage für Schauspieler.«*

Nicht nur für Schauspieler, sondern noch viel mehr für Jungregisseure. Die positive Besprechung machte mich so eingebildet, dass ich schon fast erwartete, die Passanten in der Fußgängerzone müssten mir auf dem Weg ins Theater applaudieren.

Um die Bedeutung des Lobes selbstkritisch einzuschränken: Im Ensemble ging damals das Gerücht um, der für uns zuständige Kritiker leide an Sitzbeschwerden und verreiße deshalb alle Inszenierungen, die ihn für zu lange Perioden an seinem Platz festhielten. Vielleicht hatte ihn nur die Kürze der beiden Einakter so mild gestimmt.

Aufgrund des Erfolges bekam ich weitere Inszenierungen und habe die ersten davon so gründlich verhauen, dass die Trümmer wahrscheinlich bis heute auf der Unterbühne liegen. In *Theater heute* wurde keine von ihnen besprochen.

Den Ausschnitt von damals besitze ich nicht mehr, und wahrscheinlich ist das ein Glück. Ich bin auch nie in die Bibliothek gegangen, um danach zu suchen. Man lässt sich seine schönen Erinnerungen nicht gern durch lästige Tatsachen kaputtmachen. Vielleicht war die Kritik ja gar nicht so lobend, wie ich sie im Gedächtnis habe. Es könnte sogar sein, dass der einzige Satz, den ich davon noch zu wissen glaube, gar nicht vorkam. »Von jetzt an kann alles schiefgehen«, meine ich damals gelesen zu haben, »und man wird immer noch sagen können: Die Spielzeit hat sich gelohnt.«

Aber vielleicht bekam meine allererste Inszenierung ja auch jene Kritik, an die sich Pokorny so gern erinnert:

»Ein unverbrauchter Ton, der zu Hoffnungen berechtigt.«

*

Der nächste Satz, der mir beim Wiederlesen auffiel, ist ganz kurz. Es geht dabei nicht um eine Geschichte, sondern nur um eine Formulierung. Und die damit verbundene Erinnerung hat auch nichts mit einem früheren Erlebnis zu tun, sondern mit dem Schreiben selber.

Was ich ausdrücken wollte, war klar. Schusters Talkshow stand vor der Bedrohung, ihren Sendeplatz an eine Gameshow zu verlieren, und in der Hackordnung der Fernsehwelt sind Gameshows bäh. Ich schrieb also: *Seinen Sendeplatz an eine Gameshow verlieren, das ist wie …* Und dann wollte mir ums Verrecken kein passender Vergleich einfallen.

Nun ist es aber so, dass ich meine Bücher nur von vorne nach hinten schreiben kann. Ich beneide viele Kollegen um die Fähigkeit, eine Stelle, deren Formulierung ihnen nicht gelingen will, einfach zu überspringen und das Problem später zu lösen. Ich kann das nicht. Also wusste ich, dass ich mit diesem Text nicht weiterkommen würde, bis ich einen stimmigen Vergleich gefunden hatte. (Ich hätte natürlich einfach den ganzen Satz weglassen können, aber das ließ meine Sturheit – oder meine Schreibereitelkeit – nicht zu.)

Eigentlich ist dieses Problem nichts Außergewöhnliches. So oder so ähnlich taucht es bei der Arbeit immer wieder auf. Warum ich mich gerade an dieses Beispiel so genau erinnere? Weil ich mich länger damit herumgeschlagen habe als mit jedem anderen. Einen halben Tag lang wiederholte mein Kopf nur immer wieder: *Ist wie …? Ist wie …? Ist wie …?*

Um mir in solchen Situationen den Kopf ein bisschen auszulüften, gehe ich oft in den Garten und jäte meine Gemüsebeete. Bei der Arbeit murmle ich ständig die entsprechende Textstelle vor mich hin, weshalb mich meine Nachbarn wahrscheinlich für einen armen Irren halten. Aber das ist ein Schriftsteller in ihren Augen ohnehin. Ich habe an jenem Tag auch in der Mittagspause weitergemurmelt und am Nachmittag noch ein paar Stunden weitergejätet. Bis mir dann endlich der erlösende Einfall kam. So steht der Satz jetzt im Buch:

Seinen Sendeplatz an eine Gameshow verlieren, das ist wie von einem Spielzeugauto überfahren werden.

Und kein Leser weiß, dass ich diesem Satz meine ordentlichen Beete zu verdanken habe.

*

Und gleich auf der nächsten Seite:

»Du solltest es mal wieder mit Sprechübungen probieren. Wie wir es gelernt haben. ›Nah am Hage Tannen schwanken, alles atmet Abendprangen.‹« Den Mund bei jedem Vokal weit

aufgerissen. Alberte da rum wie im Konversationszimmer.

»Bitte«, sagte Pokorny beleidigt, »wenn du glaubst, dass das der Moment für Scherze ist, bitte. Du kannst dir das ja erlauben. Du hast genug verdient, unterdessen.«

»›Spitzfindig ist die Liebe, sie minnt nicht immer blindlings.‹« Mit ganz kleinem Mündchen.

»Du hast dir ein Polster schaffen können. Ein dickes Konto auf der Bank. Ein Haus. Mit Sauna!« Pokornys Stimme überschlug sich schon wieder.

»›Oben thront der Nonnen Kloster. Voll von Trost, voll hoher Wonne wohnen dorten fromme Nonnen …‹«

»Hör auf!«

»›… loben Gott vorm Morgenrot‹«, beendete Schuster ungerührt seine Rezitation aus dem Kleinen Heye.

Ach ja, der *Kleine Heye.*

Als ich zwölf Jahre alt war, glaubte ich mit Sicherheit zu wissen, dass ich für die Bühne bestimmt sei. Ich hatte damals noch nicht verstanden – oder nicht verstehen wollen –, dass die Liebe zum Theater nicht automatisch mit schauspielerischem Talent einhergeht. Meines ist bescheiden.

Damals, als für mich Höhepunkt jeder Woche die eine Stunde im Jugendtheater Metzenthin war, glaubte ich noch daran, ich würde eines Tages Hauptrollen spielen. Vielleicht redete ich mir als übergewichtiger und pickliger Teenager ja auch ein, als Schauspieler würde ich ganz von selber meinem damaligen Idol Peter Brogle ähnlich werden. Wie der sich als Puck im *Sommernachtstraum* an einen Baumstamm lehnte und mit der Eleganz eines Balletttänzers in die vierte Position wechselte – genau so wollte ich einmal sein. Und wurde es natürlich nie. Meine schauspielerischen Fähigkeiten entsprachen sehr genau der Nennung, mit der ich Jahre später zum ersten Mal in einem Programmheft erschien: *Ein Esel: Charles Lewinsky*.

Aber damals hatte ich noch meine pubertären Träume, und mir war klar: Wenn ich auf den Bühnen dieser Welt Triumphe feiern wollte, musste ich zuerst einmal meinen schweizerdeutschen Akzent loswerden. Zum Glück bot die Metzenthin-Schule auch dafür eine Lösung. In einem speziellen Kurs wurden wir kreuz und quer durch den *Kleinen Heye* gejagt, das Aussprache-Übungsbuch, das schon Generationen von Schauspielschülern die Ausbildung zur Qual gemacht hat. Ich kann die sinnlosen, nach Vokalen geordneten Texte sechzig Jahre später immer noch auswendig, von den armen Wallern, die nah am Abhang lagern, bis zu den dunklen Uferulmen, unter denen du gefunden wurdest, ungefurcht und unbesudelt.

Viele Jahre später habe ich bei einer Preisverleihung an den großartigen Joachim Meyerhoff drei Schauspielschüler eine »Kantate« aus den *Heye*-Texten für ihn aufführen lassen. Er konnte die Übungen noch alle Wort für Wort mitsprechen. Aus ihm haben sie einen wunderbaren Schauspieler gemacht, während bei mir alles Sprachtraining nichts genützt hat.

Aber ein akzentfreies Hochdeutsch war mir später, als ich als Regisseur mit Schauspielern arbeitete, immer wieder nützlich. Und Franziska Schuh, die so geduldig mit uns geübt hatte, inszenierte später mein allererstes Theaterstück. Aber da war ich schon viiiel älter, nämlich fast erwachsene siebzehn Jahre.

*

Mehr persönliche Schmuggelware habe ich in *Talkshow* nicht entdeckt. Beim nächsten Buch, vermute ich, wird das Verhältnis zwischen Wirklichkeit und Erfindung ein ganz anderes sein.

Johannistag

2000

Wenn man die Hälfte jeden Jahres in einem kleinen französischen Dorf verbringt und dann ein Buch schreibt, das in einem kleinen französischen Dorf spielt, kann es gar nicht anders sein, als dass man dafür viele Versatzstücke aus dem eigenen Erleben verwendet. Vor allem wenn der Geschichte, wie in diesem Fall, ein tatsächliches Ereignis zugrunde liegt.

Vereux, wo ich meine Schreibklause habe, ist ein Dorf, in dem nie etwas Bemerkenswertes passiert. (Die französische Ausgabe des Buches hatte denn auch den passenden Titel *Un village sans histoires.*) Seine knapp zweihundert Einwohner müssen sich mit Sensatiönchen wie einem von einer Erntemaschine umgefahrenen Flurkreuz oder aus einem Bienenstock gestohlenem Honig begnügen. Es gibt noch nicht einmal ein Bistro, in dem man sich treffen und Gerüchte austauschen könnte.

In einem solchen Dorf lebt es sich langsamer als in

einer Großstadt. Man hat viel Zeit und kann in aller Ruhe beobachten, wie das Dornröschenauto immer mehr zuwächst. So nennt man im Dorf einen alten Peugeot, der in einer offenen Garage mehr und mehr von Grünzeug überwuchert wird. Sein Besitzer ist vor mehr als dreißig Jahren gestorben, und kein Erbe hat sich für die ausgeleierte Karre interessiert.

In diesem Dorf, in dem nie etwas passiert, passierte eines Tages sehr viel. Ein minderjähriges Mädchen sollte vergewaltigt worden sein, sittliche Empörung vermischte sich mit Dorfpolitik, und niemand wusste zu sagen, was tatsächlich passiert und was erfunden war. Es war ein echter Skandal, noch aufregender als die auch schon wieder vierzig Jahre alte Geschichte vom Getreidesilo, das gebaut worden war, wo es nicht hätte gebaut werden dürfen, und bei dem ganz bestimmt Bestechung im Spiel gewesen sein musste.

Meinen Nachbarn gaben die Ereignisse etwas zu reden, und mir gaben sie den Anlass, mich einmal an einer Geschichte aus einem ganz engen Mikrokosmos zu versuchen. Das Geschehen, nahm ich mir vor, sollte nie die engen Grenzen der Gemeinde verlassen, oder, wie der erste Satz des Buches es programmatisch formuliert:

Die Welt ist tausend Schritte lang.

Dabei ging es mir nie darum, mein Dörfchen Vereux naturalistisch zu beschreiben. Ich bin anders vorgegangen: Um mein fiktives Courtillon zu erschaffen, habe ich die einzelnen Elemente von Vereux wie in einem Kaleidoskop durcheinandergeschüttelt und neu zusammengesetzt, in der Hoffnung, dass daraus einfach ein typisches französisches Dorf entstehen würde, in dem jeder Leser sein eigenes erkennen kann. Es war mir dann auch jedes Mal ein besonderes Vergnügen, wenn mich in Frankreich jemand auf das Buch ansprach und sagte: »Woher kennen Sie eigentlich unser Dorf so genau?«

Wenn ich im Einzelnen aufdröseln wollte, welches Detail der Erzählung welchem Aspekt der Wirklichkeit entspricht, würde dies ein schrecklich langes und ebenso schrecklich langweiliges Kapitel, interessant bestenfalls für Literaturwissenschaftler oder Lokalhistoriker. Ich werde deshalb bei *Johannistag* die *Sind Sie das?*-Frage nicht jedes Mal beantworten, sondern einfach als gegeben annehmen, dass jedes Mosaiksteinchen der Geschichte sein Vorbild in meinem realen Dorf hat, wenn es dort auch an einen ganz anderen Platz im Gesamtbild hingehört. Näher darauf eingehen will ich nur dort, wo sich anhand der Übereinstimmung oder Nichtübereinstimmung eine ungewöhnliche Anekdote erzählen lässt.

Noch eine Vorbemerkung: Während ich an *Johannistag* arbeitete, wurde mir seine Hauptfigur immer unsympathischer. Dieser aus seinem Job vertriebene Lehrer war so voller penetrantem Selbstmitleid und so blind für die Fehler, die er selbst begangen hatte – ich mag solche Leute nicht. Aber wenn man eine Figur einmal erfunden und damit zum Leben erweckt hat, kann man sie zwar streichen – verändern lässt sie sich nicht mehr.

Und noch eine Vorbemerkung: Zwar will es mir niemand glauben, aber als der Erzähler des Romans begann, seine Briefe zu schreiben, hatte ich nicht die geringste Ahnung, an wen sie adressiert waren. Ich musste diese zentrale Figur selber erst entdecken, musste mich, wenn man das so sagen kann, allmählich an sie heranschreiben. Ich glaube, dieses Nichtwissen hat dem Buch nicht schlecht getan, weil es die Spannung bei der Lektüre erhöhte. Wie es Stephen King einmal formuliert hat: »Wenn du nicht weißt, wie die Geschichte weitergeht, hast du eine gute Chance, dass dein Leser es auch nicht weiß.«

Ich habe es beim Schreiben gern spannend.

*

A la mémoire de Jean Hory, raconteur et ami.

Liebe Enkel, wenn ihr dieses Buch lest – ich hoffe doch, dass ihr es eines Tages lesen wollt –, werdet ihr nicht wissen, wer der Jean Hory aus dieser Widmung ist. Ihr habt ihn nie angetroffen; er war schon gestorben, bevor ihr zur Welt kamt. Nur an seine Witwe könnt ihr euch von euren Besuchen in Vereux vielleicht noch erinnern, diese nette Frau, die wir manchmal in ihrem Haus mit dem riesigen Park besucht haben und die dann immer irgendeine Köstlichkeit für euch parat hatte.

Viele von den Geschichten, die später in verwandelter Form in den Roman eingeflossen sind, hat mir Jean erzählt. Wenn ihr ihn im Buch sucht: Er war das Vorbild für Monsieur Brossard, den *juge*, auch wenn er selbst nie Richter gewesen ist, sondern sein ganzes Leben für den Alstom-Konzern irgendwelche Maschinen an den Mann gebracht hat. Aber er war ein Weltweiser, einer, zu dem man mit seinen Problemen hingeht und auf dessen Ratschläge man dann auch hört.

Er hat *Johannistag* nie gelesen. Er ist gestorben, als das Manuskript gerade in Satz ging. Ich habe ihm das Buch gewidmet, um an ihn zu erinnern, so wie *Johannistag* an viele Menschen erinnert, die ich gern länger gekannt hätte.

*

Wenn man durch mein fiktives Dorf spaziert – tausend Schritte, dann hat man alles gesehen –, steht da, natürlich an einer Straßenbiegung platziert, um das Geschehen im Dorf aus doppelter Perspektive überblicken zu können, ein ganz besonderes Haus.

Stell dir ein Puppenhaus vor, vollgestopft mit Möbelchen und Erinnerungsstückchen, und dazu eine gebrechliche alte Dame, eine kokette Greisin, immer mit einem großen, silbernen Kreuz um den Hals; sie schäkert mit dem lieben Gott, wie sie früher mit den Männern geschäkert hat, ein langes Leben lang.

Mademoiselle Millotte heißt sie im Roman, aber ihr wirklicher Name war Blanche, und der Dorfwitz nannte mich ihren Verlobten, nur weil ich ihr einmal einen Strauß Rosen aus meinem Garten mitgebracht hatte.

Gebrechlich war sie auch im hohen Alter nicht. Zu ihrem neunzigsten Geburtstag organisierte sie sich einen Rundflug über Vereux und nahm mich als ihren Lieblingsnachbarn in die zweiplätzige Maschine mit. Vom Start bis zur Landung machte sie pausenlos Konversation, wie sich das ihrer Meinung nach bei wohlerzogenen Menschen gehörte.

Dass ich wegen des knatternden Motors kein Wort verstand, störte sie überhaupt nicht.

Blanche ist fast hundert Jahre alt geworden und hatte mich schon zum großen Festessen anlässlich dieses runden Geburtstags eingeladen. Leider hat sie den dann nicht mehr erlebt. In ihren letzten Jahren hatte sie sich von ihrem Arzt davon überzeugen lassen, dass sie nicht mehr ohne Stock aus dem Haus gehen dürfe. Sie befolgte seinen Befehl, aber sie benutzte den Stock nicht als Gehhilfe, sondern trug ihn unter den Arm geklemmt mit sich herum. »Ich kann mich ja darauf stützen, wenn ich alt bin«, sagte sie.

Eine Geschichte von Blanche muss hier unbedingt erzählt werden. Sie hatte im Fernsehen den Bericht über eine Schwulendemonstration in Paris gesehen und wollte meine Meinung zu diesem ihrer Meinung nach skandalösen Geschehen hören. Ich komme doch aus der Stadt, meinte sie, und müsse mich deshalb mit solchen Sachen auskennen.

Da ich ihre naive Frömmigkeit ebenso kannte wie ihre ebenso naiven Vorurteile, versuchte ich ihr mit religiösen Argumenten zu erklären, dass von einem Skandal überhaupt nicht die Rede sein könne. »David und Jonathan waren auch ein schwules Paar«, sagte ich, »und Joseph mit seinem bunten Gewand war Transvestit. Lesen Sie es nach!

Und wenn so etwas in der Bibel steht, können Sie als gute Christin doch nicht dagegen sein.«

Sie dachte lang nach. Dann nickte sie und meinte: »Ja, Sie haben recht.« Pause. »Aber demonstrieren sollten sie trotzdem nicht!«

*

Wer das echte Vereux kennt, kann das reale Vorbild von Mademoiselle Millotte leicht erahnen. Bei der Figur, die alle nur den General nennen, wird das niemandem gelingen. Gerade deshalb kann sie als gutes Beispiel dafür dienen, wie sich Wirklichkeit und Phantasie beim Schreiben vermischen, bis schließlich ganz neue Dinge daraus entstehen.

Du hast das Haus des Generals noch nicht gesehen, der natürlich kein General war, der nicht einmal eine Uniform hatte, erst nach dem Krieg haben sie ihm eine geschenkt, der sich nur als ganz junger Mann mit einem Gewehr in den Wäldern versteckte, ein Guerillero, wenn Du so willst, in der Zeit des »Maquis«, aber in den Legenden hat er die deutschen Besatzer ganz allein vertrieben und den Weltkrieg eigenhändig gewonnen. Vielleicht war er wirklich einmal ein Held, das Band der Ehrenlegion hat man ihm verliehen, aber jetzt ist er nur noch ein alter Mann mit einem seltsamen Gesicht, der immer mehr Mühe hat, den Rücken militärisch gerade zu halten, Schriftführer eines Veteranenvereins, dessen Mitglieder immer weniger werden.

Einen *général* hat mein Dorf nicht, aber es gab *la colonelle,* was im Fall dieser Nachbarin kein Ehrentitel war, sondern Spott. Sie versüßte sich die Langweile des Dorflebens gern mit Geschichten, in denen sie selber die Hauptrolle spielte. Wer den Fehler machte, ihr im Vorbeigehen einen guten Tag zu wünschen, wurde sofort als Zuhörer rekrutiert und kam die nächsten zehn Minuten nicht mehr weg. Manchmal nahm ich für wenige hundert Meter das Auto, nur um ihr nicht begegnen zu müssen.

Einmal, als sie mich doch erwischt hatte, wollte sie mir unbedingt etwas in ihrem Garten zeigen, eine äußerst seltene Pflanze, sagte sie, es sei das einzige Exemplar in der ganzen Franche-Comté. Nun hatte sogar ihr Garten im Dorf einen eigenen Übernamen, man nannte ihn nach dem Schlachtfeld *Verdun,* weil er so ungepflegt und überwuchert war. (Ich habe die Bezeichnung dann für den ebenso ungepflegten Garten meines Erzählers verwendet.) An jenem Tag führte sie mich hinter ihr Haus und begann im fast mannshohen Unkraut zu blättern; nie war ein Verb exakter. Die versprochene seltene Pflanze konnte sie – welche Überraschung – nicht finden, was ihr aber gleich den Anlass zu einer neuen Geschichte gab, in der Pflanzensammler vorkamen, die auch vor Raubzügen in fremde Gärten nicht zurückschreckten, um die eigene Sammlung zu vergrößern.

Zu ihrem militärischen Übernamen war sie gekommen, weil sie immer wieder von eigenen Heldentaten in Indochina erzählte, so kriegsentscheidend, dass man ihr dafür das Kreuz der Ehrenlegion verliehen habe. Das mit der Ehrenlegion schien sogar tatsächlich zu stimmen, aber die Verdienste, denen sie diese Auszeichnung verdankte, wurden im Dorf ganz anders geschildert, als sie es selber tat. Sie habe damals einem hohen Offizier als Sekretärin gedient, wurde gemunkelt, der habe ihr ein uneheliches Kind gemacht und quasi als Ausgleich dafür das begehrte rote Bändchen verschafft.

Diesen Sohn, der wahrscheinlich keine Ahnung davon hatte, was im Dorf über ihn erzählt wurde, habe ich auch selber kennengelernt, als er einmal seine Mutter besuchte. Sie erzählte mir begeistert von den Erfolgen ihres Sprösslings, Kapitän sei er und auf allen Weltmeeren zu Hause, und der Arme stand mit unglücklichem Gesicht daneben und sagte immer wieder: »Aber, Mutter, das stimmt doch überhaupt nicht!«

Aus dieser phantasierenden Möchtegern-Heldin ist nach vielen kreativen Umwegen der General entstanden, der nicht aufhören kann, den Zweiten Weltkrieg weiterzukämpfen. Meine Nachbarin hätte sicher keine Einwände gegen diese neue Rolle gehabt – solang es nur eine Hauptrolle war.

*

Man erzählt sich in Vereux gern Geschichten, oder hat das doch gern getan, als ich vor mehr als zwanzig Jahren ins Dorf kam. Unterdessen hat das Fernsehen auch dort die Rolle des Geschichtenerzählers übernommen. Was aus der fernen oder näheren Vergangenheit des Dorfes berichtet wurde, war meist durch häufiges Wiederholen zu perfekt pointierten Kurzgeschichten abgeschliffen, in denen sich Wahrheit und Erfindung kaum mehr unterscheiden ließen. Am glaubhaftesten an diesen Erzählungen schienen mir immer die kleinen Details, Dinge, die zu unwichtig waren, als dass sich jemand die Mühe gemacht haben würde, sie sich auszudenken. Wenn sie in mehreren Versionen einer Geschichte auftauchten, nahm ich an, entsprach das Ganze wohl der Wahrheit.

Ein gutes Beispiel dafür sind die Berichte aus dem Zweiten Weltkrieg. Vereux hatte damals eine eigene Besatzung, allerdings nur aufgrund eines Missverständnisses. Das Wehr neben der alten Mühle war auf den Wehrmachtskarten irrtümlich als Brücke eingezeichnet, und Brücken mussten bewacht werden.

Von all den vielen Kriegsanekdoten, die ich im Lauf der Jahre zu hören bekam, habe ich für *Johannistag* nur eine verwendet, die Geschichte von den Ackerpferden, die man im Wald versteckte, damit sie von der Wehrmacht nicht beschlagnahmt werden konnten. Eigentlich wollte ich ein anderes, viel dramatischeres Ereignis einbauen, aber das passte dann nicht in den großen Bogen der Erzählung. Später habe ich aus jenen anderen Ereignissen das Theaterstück *Einmal hast du Flügel* gemacht.

Aber hier soll diese nicht verwendete Geschichte erzählt werden, auch wenn sie in *Johannistag* nur eine winzige Spur hinterlassen hat. Das Ganze spielt nicht in Vereux, sondern in einem der Nachbardörfer. Dort, so haben es mir mehrere alte Leute erzählt, waren während der Besatzungszeit auf einem Bauernhof die beiden Söhne des jüdischen Bürgermeisters unserer Bezirkshauptstadt Gray versteckt, und zwar in einem ausgetrockneten Sodbrunnen. Die bei dem Bauern einquartierten deutschen Soldaten merkten davon nichts oder besser gesagt: Sie wollten nichts merken. Sie lebten hier schließlich friedlich und im Überfluss, während die meisten ihrer Kameraden an der Ostfront kämpften und fielen. Diesen Druckposten wollten sie auf keinen Fall in Gefahr bringen.

Eines Tages, so hat man es mir berichtet, kamen diese deutschen Soldaten zum Bauern und sagten scheinbar nichtsahnend: »Dich wird es ja nicht betreffen, aber vielleicht interessiert es dich, dass morgen eine große Razzia stattfinden wird.« Worauf die beiden jüdischen Jungen noch in derselben Nacht über den Jura in die Schweiz geschmuggelt wurden. Ich habe die Geschichte in mehreren Variationen gehört, aber das Ende war jedes Mal dasselbe: »Auf dem Bahnhof von Delémont wurden die Buben von der Schweizer Polizei aufgegriffen, weil ihre Baskenmützen sie als Franzosen verrieten. Sie hatten aber Verwandte in Basel und haben deshalb den Krieg überlebt.«

Auch die deutschen Soldaten in Vereux werden sich ähnlich verhalten haben. Um nicht an einen weniger angenehmen Ort versetzt zu werden, meldeten sie ihren Vorgesetzten nie, dass es hier gar keine Brücke und damit auch nichts zu bewachen gab. Und so war es wohl recht realistisch, wenn ich über die Besatzer meines fiktiven Dorfes schrieb:

Den uniformierten deutschen Zivilisten ging es gut in Courtillon, und sie dachten gar nicht daran, nächtlichen Geräuschen nachzugehen, die man genauso gut auch überhören konnte.

*

Der Anlass, *Johannistag* zu schreiben, war ein öffentlicher Skandal, der zur zentralen Szene des Buches wurde. Im realen Vereux wird man noch lang davon erzählen, und wie es bei solchen Erzählungen ist, werden sich die Ecken der Geschichte mit jeder Wiederholung ein bisschen mehr abschleifen, bis schließlich in der kollektiven Erinnerung nur noch eine einzige Erklärung für das Geschehene übrig sein wird. »Aus diesem Grund ist es passiert«, werden die Erzähler sagen, und die Zuhörer werden mit den Köpfen nicken und es sich gar nicht mehr anders vorstellen können.

Dabei hätte keiner, der dabei war, hinterher sagen können, was es genau war, das er da gerade beobachtet hatte: die dramatische Anklage eines unschuldigen Opfers oder doch nur die erotischen Phantasien eines verwirrten Teenagers. Auch ich selber hätte die Frage nicht zu beantworten gewusst und musste ein ganzes Buch schreiben, um für mich herauszufinden, wie es gewesen sein könnte. »Könnte«, nicht »war«. Ich weiß es bis heute nicht mit Sicherheit, obwohl ich danebenstand und es mit eigenen Ohren gehört habe. Wo alles gleich um die Ecke passiert, braucht es keine großen Zufälle, um bei einer Dorfsensation anwesend zu sein.

Es passierte vor dem Haus jenes Mannes, aus dem ich später den heiligen Johann des Buches gemacht habe. Da war ein junges Mädchen, eine junge Frau, der ich in all meinen Jahren in Vereux noch nie begegnet war, zumindest nicht bewusst. Aber ganz bestimmt, habe ich mir nachträglich überlegt, habe ich sie mehr als einmal in den Schulbus steigen oder auf dem Fahrrad Kunststücke probieren sehen. Aufgefallen war sie mir nie. Ich will gar nicht versuchen, ihr Äußeres zu beschreiben, es würde bestimmt nicht den Tatsachen entsprechen. Was man erlebt und was man für ein Buch erfunden hat, lässt sich im Nachhinein nicht mehr trennen.

An dem Tag, an dem es geschah, war sie allein, ohne die Begleiter, die ich für den Roman dazuerfunden habe, und es war auch nicht das ganze Dorf als Zuschauer anwesend, sondern nur einige wenige Nachbarn. Jean – nennen wir ihn weiter so, auch wenn er in Wirklichkeit anders heißt – stand ihr gegenüber, und an seiner unschlüssigen Körperhaltung war abzulesen, dass er nicht wusste, ob er sie angreifen oder vor ihr fliehen sollte. Aber vielleicht stimmt auch das nicht, und die Art, wie er dastand, ist gar keine Beobachtung, sondern ein nachträglicher Erklärungsversuch.

Aber was sie sagte, da bin ich mir sicher, was aus ihr heraussprudelte, manchmal geschrien und manchmal geflüstert, das war genau so, wie ich es im Buch geschildert habe. In einem atemlosen Monolog beschuldigte sie den Besitzer des Hauses, sie als kleines Kind vergewaltigt zu haben, was schon skandalös genug gewesen wäre. Aber sie ließ es bei dieser Anklage nicht bewenden, sondern steigerte sich immer mehr in eine Phantasiewelt hinein.

Sie listete eine endlose Reihe von Obszönitäten auf, gebrauchte im sachlichsten Ton die scheußlichsten Worte (viele von ihnen kannte ich nicht und fand sie hinterher auch in keinem Wörterbuch, las nur auf den Gesichtern der anderen ab, wie sehr sie schockierten), eine pornographische Litanei, der wir, ich gebe es zu, zunächst gespannt folgten, weil wir etwas über eine wirkliche Affäre zu erfahren glaubten, bis die Aufzählung dann immer mehr ins Bizarre abglitt und es auch nicht mehr um Valentine und Jean ging, sondern um uns alle. Sie beschrieb Courtillon als ein Universum aus

Perversionen, in dem sich Geneviève von einem Esel begatten ließ und Madame Simonin von Jojo, wo Bertrand in seine Weinflaschen onanierte, bevor er sie abfüllte, und das alles in gepflegter Diktion, ohne je die Stimme zu heben. Sie sprach weiter und weiter, scheinbar ohne Atem zu holen, fing immer wieder neu an mit ihrer Liste und war schon lang – ich mag es nicht genauer beschreiben – beim anatomisch Unmöglichen angekommen.

Wie die Szene geendet hat, ist in meiner Erinnerung wie ausgelöscht. Ich wüsste nicht mehr zu sagen, ob das Mädchen, dessen Namen ich bis heute nicht weiß, von selber weggegangen ist oder ob sie jemand weggeführt hat, ob die Zuschauer – auch sie könnte ich nicht aufzählen – sich hinterher über das Gesehene unterhalten haben oder einander ausgewichen sind, als ob sie sich durch ihre Anwesenheit selber schuldig gemacht hätten. Aber ich kann mich noch sehr gut an den Drang erinnern, dem auf derart ungeheuerliche Weise Angeklagten etwas Beruhigendes zu sagen, und an meine Unfähigkeit, diese Worte zu finden.

Jean hockte unterdessen in seiner Scheune, allein, wartete auf einen Menschen, irgendeinen, der sich nicht ekelte vor ihm, und ich war zu feige, dieser Mensch zu sein.

Das schlechte Gewissen, das ich deshalb empfand, steigt jedes Mal wieder in mir auf, wenn ich an die Ereignisse jenes Tages zurückdenke. Auch das war ein Antrieb dafür, dieses Buch zu schreiben.

In *Johannistag* habe ich mich für eine der möglichen Erklärungen für das Beobachtete entschieden. Vielleicht war meine Deutung der Ereignisse falsch. Aber in der Literatur geht es ja auch nicht darum, Wahrheiten zu enthüllen. Die Aufgabe des Bücherschreibers, meine ich, ist es, neue Wahrheiten zu schaffen.

*

Nach all den Erfahrungen aus Vereux habe ich beim Wiederlesen doch noch ein ganz kleines Stückchen Schmuggelgut aus einem anderen Kapitel meines Lebens entdeckt, aus der Zeit, als ich am Theater in Ingolstadt meine ersten Gehversuche als Regisseur machte.

Ich habe Dich einmal zu einem französischen Gastspiel ins Theater eingeladen, in der Pause haben wir uns wie zufällig getroffen. Du konn-

test nichts anfangen mit dem Spiel von Liebe und Zufall und hast zu mir gesagt: »Man kann gar nicht so schnell auf die Uhr schauen, wie man sich langweilt.«

Dass sich mein Erzähler und seine minderjährige Freundin ausgerechnet in dieser Komödie von Marivaux langweilen, hat einen autobiographischen Grund: Es kann in der Geschichte des Theaters nie eine langweiligere Inszenierung dieses Stücks gegeben haben als jene, bei der mein Name als Regisseur im Programmheft stand. Ich war mit der Vorlage nicht zurechtgekommen, die Besetzung hatte ich auch falsch ausgewählt, und schon eine Woche vor der Premiere war mir klar gewesen, dass ich mit dieser Arbeit den Tiefpunkt meiner damals noch sehr jungen Theaterkarriere erreicht hatte.

An der Premiere war der Applaus dann auch enden wollend – und trotzdem erinnere ich mich gern an diesen Tag. Weil ich erfahren durfte, wie wahres Feingefühl einen über eine Niederlage hinwegtrösten kann.

Nachdem der spärliche Beifall verkleckert war und die letzten verlogenen Küsschen an die Schauspieler verteilt, kam der für mich schwierigste Teil des Abends. Ich war mit meinem besten Freund Siegi verabredet, einem Mann, der, obwohl Steuerbeamter, sehr viel vom Theater verstand und deshalb besser als jeder andere gemerkt haben musste, wie sehr ich als Regisseur versagt hatte. Vor unserem Zusammentreffen hatte ich regelrechtes Lampenfieber, denn mir war klar, dass mich eine von zwei möglichen Reaktionen erwartete, und keine davon war angenehm. Entweder er würde meine Inszenierung loben – dann würde das nur unserer Freundschaft wegen geschehen, und von einem guten Freund möchte man auch aus Nettigkeit nicht angelogen werden. Oder aber er würde mir meine sämtlichen handwerklichen Fehler aufzählen, dann wäre er zwar ehrlich, aber sehr erfreulich würde das Gespräch nicht werden.

Siegi, weil er eben Siegi war, fand einen dritten Weg. Er kam vor dem Theater mit ausgebreiteten Armen auf mich zu und sagte: »Wir bleiben trotzdem Freunde.«

Er lebt jetzt schon einige Jahre nicht mehr, aber bei jedem Problem, mit dem ich mich herumschlage, denke ich immer noch ganz automatisch: Das muss ich Siegi fragen. Ich bin sicher, er wüsste jedes Mal einen guten Rat für mich.

Melnitz
2006

Dass ich die Zeit fand, ein so dickes Buch wie *Melnitz* zu schreiben, habe ich dem Schweizer Fernsehen zu verdanken. Dort beschloss man nämlich von einem Tag auf den andern, die Sparte Sitcom, mit der ich damals recht erfolgreich befasst war, aus dem Programm zu streichen – und plötzlich waren in meiner Agenda ganze Monate frei. Ich beschloss, diese Zeit zu nutzen und mich an ein Projekt zu machen, über das ich schon seit längerem nachdachte: die Geschichte einer jüdischen Familie in der Schweiz zwischen den beiden Weltkriegen. So zwei- oder dreihundert Seiten sollten es werden, stellte ich mir vor. 1918 bis 1939.

Aber Geschichten machen sich gern selbständig, und beim weiteren Nachdenken wurde mir klar, dass kein Leser die damalige Situation der jüdischen Gemeinschaft verstehen würde, wenn er nicht vorher auch etwas über das Schächtverbot gelesen hätte. 1893. Die Entstehung dieser antisemitischen Volksinitiative wiederum war nur zu begreifen, wenn man etwas über die Emanzipation der Juden in der Schweiz wusste. 1874. Das Buch wurde immer dicker und die darin geschilderte Familie immer personenreicher.

Onkel Melnitz, der dem Buch später seinen Namen gab, kam in meinen Plänen nicht vor. Er gehörte zu einem ganz anderen Schreibprojekt, das ich schon zehnmal angefangen und zehnmal wieder weggelegt hatte, weil ich damit einfach nicht zu Rande kam. Mit Onkel Melnitz, und das ist in diesem Fall keine Übertreibung, befasste ich mich schon seit fünfzig Jahren. Oder, besser gesagt: Er ließ mir seit fünfzig Jahren keine Ruhe.

Zum ersten Mal habe ich den Namen als kleiner Bub gehört, in einer Geschichte, die Oma Lewinsky mir erzählte. Das Ganze – wenn es sich denn wirklich so oder so ähnlich abgespielt hat – muss in den frühen dreißiger Jahren passiert sein. Die Familie wohnte damals in Leipzig, wo mein Opa, den ich nie gekannt habe, als Vertreter von Landis & Gyr tätig war. Da sie beide den Schweizer Pass besaßen, glaubten sie sich trotz der judenfeindlichen Haltung der Naziregierung nicht in Gefahr. (Wie es dann doch sehr bald Schwierigkeiten gab und wie es die Schweizer Botschaft mit tausend Ausreden vermied, sich für ihre jüdischen

Staatsbürger einzusetzen, das ist eine andere Geschichte.)

Eines Tages, so erzählte es mir meine Oma, fuhr vor dem Mietshaus, in dem sie wohnten, ein Mann vor, und zwar in zwei Autos. Ein Mann in zwei Autos! Für den kleinen Jungen, der ich damals war, war diese magische Verdoppelung überhaupt nicht unglaubhaft. So etwas kam schließlich in vielen Märchen vor, und was einem die Großmutter erzählt, bezweifelt man nicht. Ihre Erklärung für den zweiten Wagen war zwar etwas prosaischer, aber immer noch so phantastisch, dass ich sie bis heute nicht vergessen habe: Im ersten Wagen, erzählte sie, saß der fremde Mann und im zweiten seine Sekretärin.

Er habe dann an ihre Tür geklopft, ging die Geschichte weiter, und sich als Kurt Melnitz vorgestellt, er sei ein entfernter Verwandter, habe er gesagt, und ein ganz wichtiger Mann in Hollywood. Er sei nur vorbeigekommen, um sie zu warnen, es werde für Juden ganz schlimm in Deutschland und sie sollten so schnell wie möglich von hier verschwinden. Und dann, so ging die Geschichte zu Ende, stieg er wieder in seine beiden Autos und fuhr davon.

Wie gesagt, als Bub schien mir die Geschichte nicht unwahrscheinlicher als die von Emil mit seinen Detektiven. Älter geworden, begann ich an ihrem Wahrheitsgehalt zu zweifeln und versuchte herauszufinden, ob es in Hollywood tatsächlich einmal einen wichtigen Menschen namens Melnitz gegeben habe. Es war die Zeit, bevor man solche Fragen via Google in wenigen Minuten beantworten konnte, und ich wurde nicht fündig. Auch den Begriff der *urban legend* gab es noch nicht, trotzdem war das die Kategorie, in die ich die Geschichte für mich einordnete.

Ich wollte das Ganze schon vergessen, als ich im Buch *Dicke Lilli – gutes Kind,* den Memoiren von Lilli Palmer, auf den Bericht über ein Ereignis aus ihrer Zeit im Pariser Exil stieß. Sie war zu einem Abendessen eingeladen, und ihr Tischnachbar versprach, etwas für ihre Filmkarriere zu tun: »›Wie bitte?‹, fragte ich misstrauisch. ›Also …‹, meinte er, ›warum kommen Sie morgen nicht einmal ins Büro von United Artists? Da können Sie den Chef der Besetzungsabteilung kennenlernen.‹ ›Wie heißt er?‹, fragte ich, noch nicht überzeugt. ›Curtis Mellnitz‹, sagte mein Nachbar.«

Es gab ihn also wirklich! Also konnte auch die Geschichte, die meine Oma mir erzählt hatte, einen wahren Kern haben – zwei Autos hin oder her. Noch später, als man einen Namen einfach googeln konnte, habe ich dann mehr über den geheimnisvollen Besucher nachgelesen und sogar eine Fotografie von ihm gefunden, die ihn zusammen mit Max Reinhardt bei der Unterzeichnung eines Vertrages zeigt.

(Die biographischen Überraschungen hatten dann noch einmal eine Fortsetzung, die etwas mit meinem Buch *Kastelau* zu tun hat. Aber alles an seinem Platz.)

Ein Mensch, der überraschend auftaucht, das Leben der Leute, denen er begegnet, verändert und dann wieder verschwindet – so ein Mensch schien mir eine interessante Hauptfigur für einen Roman zu sein. Ich stellte mir eine abenteuerliche, pikareske Geschichte vor, mit Episoden, die über die letzten hundert Jahre Weltgeschichte verstreut sein sollten. Außer ein paar missglückten Szenen habe ich von diesem Buch nichts geschrieben und es schließlich auf dem großen Friedhof der nicht lebensfähigen Projekte begraben, der sich hinter dem Haus jedes Schriftstellers findet.

Jahre später, als ich mit *Melnitz* begann, saß er schon im ersten Kapitel einfach im Wohnzimmer der Meijers und wollte in ihrer Geschichte vorkommen. Ich habe mir seine Rolle nicht ausgedacht, obwohl ich sie mir natürlich ausgedacht habe. (Und wer diesen Satz für absurd hält, hat noch nie ein Buch geschrieben.)

Ich bin sicher, ich werde beim Wiederlesen eine Menge Dinge aus meiner Jugend wiederfinden, denn schließlich bin ich in einer Familie aufgewachsen, die den Meijers nicht unähnlich ist. Wenn es auf die Frage »Sind Sie das?« jemals eine positive Antwort geben kann, dann am ehesten in diesem Roman.

*

»Nu?«

Wenn Salomon Meijer Hunger hatte, wurde er ungeduldig. Er saß am Tisch, die Hände links und rechts auf das Holz gelegt, wie der Mohel seine Instrumente bereitlegt vor der Beschneidung. Er hatte schon Mauzi gemacht, hatte ein Stückchen Brot mit Salz bestreut, den Segensspruch darüber gesprochen und es in den Mund gesteckt.

Die religiösen Regeln – zumindest wurden sie in meiner Familie so interpretiert – besagen, dass man zwischen dem Überschütten (dem Händewaschen vor dem Essen) und dem Mauzi-Machen (dem rituellen Stückchen Brot mit Salz) kein Wort reden darf. Und erst wenn beide symbolischen Handlungen stattgefunden haben, darf man mit dem Essen beginnen. Nun wusch sich mein Großvater die Hände immer als Erster, wollte dann aber nicht Mauzi machen, bevor die ganze Familie mit ihm am Tisch saß – und das konnte dauern. Meine Großmutter hatte immer noch etwas in der Küche zu tun, und wir Kinder trödelten, weil Kinder eben trödeln.

Er saß also mit dem Stückchen Brot in der Hand am Tisch, ein *pater familias* ohne *familia*, der Duft der Bohnensuppe stieg ihm vielleicht schon in die Nase, und es ging einfach nicht weiter. Wegen des Sprechverbotes konnte er seine unbotmäßigen Familienmitglieder nicht rufen, und so hatte er für sich den Kompromiss gefunden, dass ein »Nu« für den lieben Gott nicht als richtiges Wort gelte und deshalb erlaubt sei. Er wiederholte die Silbe immer ärgerlicher und ungeduldiger, bis die Tischrunde dann endlich, endlich komplett war.

Jedes Mal, wenn in *Melnitz* jemand das so vielfältig einsetzbare Wörtchen »Nu« verwendet, habe ich meinen hungrigen Großvater vor mir gesehen.

*

Golde war gerade dabei gewesen sich zu kämmen, bevor sie die eigenen Haare wieder für den Tag unter dem Scheitel verschwinden ließ, und mit den dünnen grauen Strähnen über dem weißen Nachthemd wirkte sie, ein alt gewordenes Mädchen, noch kleiner als sonst.

Auch das ist eine Erinnerung aus meiner Jugendzeit. Sie stammt aus derselben engen Wohnung mit den viel zu großen Möbeln, in der ich auch meinen Großvater »Nu!« rufen höre.

Als kleiner Junge durfte ich manchmal dabei sein, wenn meine Großmutter sich kämmte, und das war jedes Mal ein magischer Moment für mich. Mit den langen silbergrauen Haaren, die ihr weit in den Rücken hingen, wurde sie eine andere Frau, sehr viel weniger streng, als sie es mit Perücke war. Sogar ihr kantiges Nussknackerkinn schien nicht mehr so weit vorzuspringen.

Während dieser Prozedur – ach was: während dieser heiligen Handlung – wurde nie ein Wort gesprochen. Für sie wäre das auch gar nicht möglich gewesen, denn mit den Lippen hielt sie die Haarnadeln fest, mit denen sie die eigene Schönheit wieder zusammenstecken würde, um sie für den Tag unter der falschen Frisur ihres Scheitels verschwinden zu lassen. Dass auch ich nichts sagte, hatte einen anderen Grund. Ich fühlte mich in diesen Momenten immer wie ein Eindringling, ein Spion in der geheimen Welt der Erwachsenen, und Spione dürfen nicht auf sich aufmerksam machen. Die langen grauen Haare hatten in ihrer Veränderungskraft etwas Magisches, und ich meine mich noch zu erinnern, dass ich jedes Mal, wenn in einem Märchen eine verzauberte Prinzessin vorkam, an meine verwandelte Großmutter dachte.

Der Zauber dauerte immer nur kurz. Dann setzte sie ihren Scheitel auf und war wieder die Haustyrannin, vor der sich sogar ihr Mann fürchtete.

*

Auch das nächste Fundstück stammt aus meiner Kinderzeit. Die Erinnerung daran tauchte auf, als ich meine Beschreibung des Heiratsvermittlers Abraham Singer wiederlas:

Er war ein kleingewachsenes, kurzbeiniges Männchen, mit einem verkrümmten Rückgrat, das ihn in eine ständige Verbeugung zwang.

Der Mann, den ich dabei vor Augen hatte, war nicht Heiratsvermittler von Beruf. Ich habe keine Ahnung, womit er sich seinen Lebensunterhalt verdiente; als Kind interessiert man sich nicht für diese Dinge. Vielleicht bezog er eine Rente, denn in meiner Erinnerung ist er sehr alt – was allerdings auch daran liegen kann, dass ich damals sehr jung war.

Er soll auch weiterhin Singer heißen, denn es wäre ihm bestimmt nicht recht, in diesem Buch mit seinem richtigen Namen aufzutauchen. Die Geschichte, die ihn mir unvergesslich machte, passt so gar nicht zu der pingeligen Frömmigkeit, die er gern demonstrierte.

Er stammte aus Frankfurt am Main, war also einer der wenigen Überlebenden jener früher einmal so bedeutenden jüdischen Gemeinde. So wichtig war sie vor der Hitlerzeit im deutschen Judentum, dass die kleinen Besonderheiten des dortigen Rituals auch in unseren Gebetbüchern vermerkt waren. »In Frankfurt am Main wird hier Folgendes eingeschaltet« stand dann etwa in einer Fußnote, oder: »In Frankfurt am Main werden die Segenssprüche in dieser Reihenfolge gesprochen.« Diesen Minhag, wie solche lokalen Bräuche genannt werden, versuchte er auch in unserer Gemeinde durchzusetzen. Wahrscheinlich, denke ich im Nachhinein, waren ihm diese nebensächlichen Frankfurter Varianten deshalb so wichtig, weil sie die letzten Überreste einer zerstörten Vergangenheit darstellten. Auf jeden Fall führte er wegen dieser Anliegen immer wieder lange Diskussionen mit dem

Rabbiner oder dem Gemeindepräsidenten, wobei er seine Gesprächspartner, genau wie ich es später bei Abraham Singer beschrieb, wegen seines verkrümmten Rückens von unten her anschauen musste.

Aber seine Versuche, in unserer Gemeinde fremde Bräuche einzuführen, haben mit der Geschichte, die ich von ihm erzählen will, nichts zu tun. Ich wollte damit nur zeigen, wie wichtig Frömmigkeit in seinem Leben war. Und warum ich so überrascht war, als ich ihn zufällig bei etwas ertappte, das auch in seinen eigenen Augen eine schlimme Sünde sein musste.

Bei mir hatte damals gerade die Pubertät eingesetzt, und es gab kein Rätsel, das mich mehr faszinierte als die Frage nach dem Aussehen eines unbekleideten weiblichen Körpers. Es gab damals, auch wenn ihr euch, liebe Enkel, das wohl nur mit Mühe vorstellen könnt, noch kein Internet, und das Aufklärungsbuch im verschlossenen Bücherschrank meiner Großeltern – mein Bruder und ich wussten natürlich, wo der Schlüssel versteckt war – enthielt keine Abbildungen. Außerdem wechselte der Autor immer dann, wenn es gerade richtig spannend wurde, ins Lateinische.

Die einzigen, leider nicht sehr aussagekräftigen Informationsquellen waren die Schaukästen von Nachtlokalen, auch wenn dort die Fotos der Striptease-Tänzerinnen an den strategischen Stellen mit goldenen Sternchen überklebt waren. Und dann gab es noch, nicht weit vom Stauffacher, dieses Kino, in dem sogenannte Kulturfilme liefen, »Reportagen«, in denen man sich unter dem Vorwand von rein ethnographischem Interesse naturnahe – sprich: unbekleidete – Völkerschaften ansehen konnte. Natürlich erst ab achtzehn Jahren. Und nur, wenn man bereit war, für einen solchen sündigen Kinobesuch alle Strafen des Himmels auf sich zu nehmen.

Aber es gab ja auch noch die vor dem Kino ausgehängten Standbilder. Hier nahmen einem keine goldenen Sternchen die Sicht auf das wirklich Interessante, denn schließlich mussten diese Fotografien unbeklebt an den Verleiher zurückgegeben werden. Der Kinobesitzer behalf sich deshalb mit einfachen Packpapierstreifen, die, hoffte ich Pubertäter, ja auch einmal verrutschen konnten.

Was dann wirklich verrutschte, war mein Weltbild. Das Kino war nicht allzu weit von der Synagoge entfernt, der kleine Umweg in der Pause zwischen zwei Gottesdiensten fiel nicht auf, und so studierte ich die ausgehängten Bilder in hormonbefeuerter Hoffnung meist am Samstagnachmittag. Die völkerkundlichen Dokumentationen liefen immer nur am Nachmittag; am Abend verwandelte sich das Kino in eine sogenannte Revolverküche und zeigte blutige italienische Gangsterfilme.

An jenem Samstag war die Vorstellung gerade zu Ende, und das kleine Grüppchen der Zuschauer kam heraus. Unter ihnen, ich konnte es kaum glauben, war auch Abraham Singer, mit seinem verkrümmten Körper und der dunklen Sabbatkleidung nicht zu verkennen. Seinen Hut trug er in der Hand und setzte ihn erst auf, als er auf die Straße trat.

Abraham Singer! Am Sabbat! In einem Film mit nackten Menschen!

Ich drückte mich zur Seite, in der Hoffnung, nicht bemerkt zu werden, aber er muss mich doch gesehen haben. Denn als ich ihm das nächste Mal vor der Synagoge begegnete, blaffte er mich ohne Grund an. Sein Zorn auf mich war wohl aus schlechtem Gewissen entstanden, er muss Angst gehabt haben, ich würde die Geschichte herumerzählen und damit seinen Ruf in der Gemeinde ruinieren. Es wäre mir nie in den Sinn gekommen, ihn zu verraten, denn auch als kleiner Junge war mir klar: Was ich da gerade beobachtet hatte, war ein Geheimnis, über das ich nie und mit niemandem sprechen durfte.

*

Und dann war da auch noch die Ansprache, die Droosche, die man beim großen Festessen zu halten hatte, der Lernvortrag, den die Zuhörer besser kannten als die Vortragenden, denn der Kantor Würzburger, der auch diesen Teil des Rituals einstudierte, hatte nur drei Ansprachen in seinem Repertoire, die er den Bar-Mizwe-Jungen reihum eintrichterte. Arthur hatte die von den Geboten erwischt, deren Ausübung an eine bestimmte Zeit gebunden ist und von denen Frauen deshalb befreit sind.

Wenn mir der fiktive Zollbeamte nach diesem Abschnitt die Frage stellen würde: »Sind Sie das?« – ich könnte nur den Kopf senken und ein volles Geständnis ablegen. Ja, das bin ich.

Denn auch in unserer Gemeinde gab es nur drei Lernvorträge, immer wieder dieselben, und Leute, die an viele Bar Mizwes eingeladen wurden, hatten sie alle schon mehrmals gehört. Wenn sich der dreizehnte Geburtstag näherte, bekam man einen davon zugeteilt, lernte ihn unter Aufsicht eines Religionslehrers auswendig, um ihn dann bei der feierlichen Mahlzeit, die zu diesem Tag des Erwachsenwerdens gehörte, der versammelten Familie vorzutragen.

Dabei waren diese scheinbar so gelehrten Ansprachen pure Hochstapelei. Ursprünglich, nehme ich an, hatten einmal fleißige Talmudstudenten damit bewiesen, wie tief sie trotz ihres jugendlichen Alters schon in die Verästelungen religiöser Debatten eingedrungen waren, aber unterdessen war es nur noch eine mnemotechnische Fleißaufgabe, ein Teil des Grießbreiberges, durch den man sich durchfressen musste, um ins Schlaraffenland der Geschenke zu gelangen.

In *Melnitz* habe ich dem kleinen Arthur dasselbe Thema zugeteilt, das mich damals selber erwischt hat, die Abhandlung von den Geboten, von denen Frauen befreit sind, weil sie zu den dafür festgelegten Zeiten Besseres zu tun haben, zum Beispiel das Essen für ihre Männer vorzubereiten. Es ist schon mehr als sechzig Jahre her, seit ich die verschachtelten Argumente auswendig lernen musste, aber Fetzen davon lagern immer noch in irgendwelchen Gehirnwindungen.

Ich war schon lang nicht mehr zu einer Bar Mizwe meiner alten Gemeinde eingeladen, und es fehlt mir nicht. Aber es würde mich interessieren zu erfahren, ob die jüngste Generation immer noch denselben totgeleierten Vortrag halten muss.

*

Arthurs Bar Mizwe wurde nicht so groß gefeiert, wie das sonst üblich war. Am Freitag war man noch Schiwe gesessen und hatte Kondolenzbesuche empfangen, und am Schabbes sollte man auf einen Schlag fröhlich sein? Was würde das für einen Eindruck machen? Die Leute in der Gemeinde müssten ja denken, die Trauer um Onkel Salomon sei nicht echt gewesen. »Wir machen das Nötigste und keinen Schritt darüber hinaus«, hatte Janki entschieden. »Arthur wird das schon verstehen, er ist ein vernünftiger Junge.«

»Charles wird das schon verstehen, er ist ein vernünftiger Junge.« Auch meine eigene Bar Mizwe fand auf Sparflamme statt, und zwar aus demselben Grund. Ein paar Wochen vor dem großen Tag war mein Großvater gestorben, und so war niemand in der Familie in Feierstimmung.

Die Umstände, unter denen ich von seinem Tod erfuhr, sind für mich bis heute mit dem Gefühl verbunden, damals einen schlimmen Fauxpas begangen zu haben. Dabei habe ich überhaupt nichts falsch gemacht. Aber Gefühle haben ihre eigenen Regeln und kümmern sich nicht um logische Überlegungen.

Mein Großvater war schon lang bettlägerig gewesen und auch immer dünner geworden. Im Rückblick vermute ich, dass er an Krebs litt, aber es kann auch etwas ganz anderes gewesen sein. Tödliche Krankheiten sind kein Thema, über das man sich mit Zwölfjährigen unterhält. Ich wusste, dass er in seiner Wohnung an der Elisabethenstraße im Bett lag, dass man ihn immer nur ganz kurz besuchen durfte und ihm dann nicht übelnehmen, wenn er einem nicht antwortete. »Er muss viel schlafen, damit er wieder gesund wird«, hieß es.

Der Gedanke, dass er eines Tages nicht mehr da sein könnte, ist mir, so wie ich mich zu erinnern glaube, nicht ein einziges Mal gekommen. Großväter sind unsterblich.

Ich war der Einzige in der Familie, der von seinem Tod nicht sofort erfuhr. Er verstarb an einem Samstag, und diesen Tag verbrachte ich wie immer im religiösen Exil in Luzern. Man konnte mich dort auch nicht anrufen, weil am Sabbat auch das Telefonieren verboten ist. Erst als offiziell die Nacht angebrochen war – allzu spät kann das im März nicht gewesen sein – durfte ich mich in den Zug setzen und nach Zürich zurückfahren. Zu Hause traf ich nur meinen damals vierzehnjährigen Bruder an. Obwohl er in solchen Dingen immer sehr viel geschickter war als ich, wusste er nicht, wie er mir die schlechte Nachricht mitteilen sollte.

Unsere Mutter sei noch bei den Großeltern, sagte er nur.

Bis dahin ist das nur eine traurige, aber nicht peinliche Geschichte. Peinlich wurde sie im Nachhinein dadurch, dass ich, von der traurigen Neuigkeit nichts ahnend, an diesem Abend in besonders fröhlicher Stimmung war. Ich war zu jener Zeit ein fleißiger Bibliotheksbesucher und hatte dort gerade einen dicken Band voller Witze und Karikaturen ausgeliehen, mit dem ich mich schon den ganzen Sabbat und während der Heimreise im Zug amüsiert hatte. Nun hatte ich das dringende Bedürfnis, meinem Bruder all diese komischen Dinge zu zeigen, um gemeinsam mit ihm darüber zu lachen.

Er lachte nicht.

Es muss für ihn ein schrecklicher Zwiespalt gewesen sein, auf der einen Seite dieser überdreht kichernde kleine Bruder, der ihn mit seinem lustigen Buch einfach nicht in Ruhe lassen wollte, und auf der anderen der tote Großvater, dessen Hinschied mit jeder Minute, in der er die Information nicht über die Lippen brachte, immer mehr zum Geheimnis wurde. Erst am nächsten Morgen – unsere Mutter war immer noch nicht nach Hause gekommen – brachte er die Kraft auf, mir zu erzählen, was geschehen war.

Ich habe mich nachträglich für meine Fröhlichkeit geschämt, wie ich mich selten wieder für etwas geschämt habe, ein ungutes Gefühl, das ich heute noch spüren kann. Es kam mir vor, als hätte ich meinen toten Großvater ausgelacht.

Eigentlich hätte ich, wie an jedem Sonntagmorgen, zum Religionsunterricht gehen müssen, aber stattdessen tat ich etwas, das sonst nur in schlechten Romanen vorkommt: Ich irrte ziellos durch die Straßen. Vielleicht, wer weiß, ist der Antrieb zu diesem Verhalten sogar aus einem schlechten Roman gekommen. Ich war damals als Leser ein Allesfresser und lebte, scheint mir, mehr in Büchern als in der Wirklichkeit.

(Manchmal denke ich: So sehr habe ich mich in diesem Punkt nicht geändert.)

Irgendwann bin ich dann doch noch beim Religionsunterricht erschienen, und ich weiß noch, dass meine Verspätung ohne Überraschung zur Kenntnis genommen wurde. Es wird wohl des Öfteren passiert sein.

Übrigens: Dass die Bar Mizwe nur in kleinem Rahmen stattfand, störte mich nicht besonders. Die Geschenke bekam ich trotzdem, und die waren mir das Wichtigste.

*

And now, wie die Genies von Monty Python gern von einem Thema zum anderen überleiteten, *for something completely different.*

Es ist eine Geschichte, die hierhergehört, obwohl sie ausnahmsweise nichts mit persönlichem Schmuggelgut zu tun hat. Aber auch die Erinnerung an ein Erlebnis beim Schreiben scheint es mir wert, festgehalten zu werden. Es war ein Erlebnis, das ich mir bis heute nicht zu erklären weiß.

Im Text, an dem ich arbeitete, war die Situation die: Der Backfisch (damals nannte man das noch so) Hinda war in Zürich bei Tante Mimi zu Besuch, und die beiden wollten miteinander ausgehen.

> *»Wo gehen wir hin?«, fragte Hinda.*
> *»Wir werden später im Palmengarten eine Schokolade trinken. Aber vorher … Du wirst schon sehen.«*

Dieses »Du wirst schon sehen« hätte Mimi genauso gut auch zu mir sagen können. Als ich diesen Satz in die Tastatur tippte, hatte ich nämlich keine Ahnung, was sie damit meinte. Wirklich, ich schwöre es: nicht die geringste Ahnung. So viel zur Allmacht des Autors. Es war Mimi völlig egal, dass ich sie erfunden hatte, sie wollte mir ihre Pläne trotzdem nicht verraten.

Ich weiß, dass es lächerlich klingt, wenn ich es so formuliere. Es ist mir klar, dass alles, was die von mir geschaffenen Charaktere anstellen, aus meinem eigenen Kopf stammt. Aber manchmal scheint da ein Bereich des Schriftstellergehirns tätig zu werden, zu dem man selber keinen Zugang hat. Vielleicht ist das genau der Bereich, in dem sich die Antwort auf die oft gestellte Frage nach der Herkunft von Ideen finden ließe. Ich habe mich immer gehütet, dort allzu genau nachzusehen, aus Angst, dass die Maschinerie bei einer solchen Inspektion Schaden nehmen könnte. Wenn ich bei Lesungen nach diesem Mechanismus gefragt werde, benutze ich gern den Vergleich mit einem Tausendfüßler: Wenn er einmal anfängt zu überlegen, in welcher Reihenfolge er seine Beine auf den Boden setzen soll, fällt er von da an nur noch auf die Schnauze.

Wie dem auch sei, es war das einzige Mal in meinem Schreiberleben, dass sich eine Figur auf diese Weise selbständig gemacht hat. Ich würde mich freuen, wenn es wieder einmal passierte. Es ist ein schönes Gefühl, wenn die eigenen Figuren so zum Leben erwachen. Für mich war es auf jeden Fall eine unvergessliche und spannende Erfahrung. Ich bin den beiden Frauen, die doch meine eigenen Geschöpfe waren, damals auf ihrem Ausflug nachgeschlichen wie ein Detektiv.

Eigentlich hatte ich beschreiben wollen, wie sie gemächlich zur Tonhalle am See spazierten, wie sie dort beim Kaffeetrinken im Palmengarten durch einen Tumult gestört wurden und wie Hinda dabei den Mann kennenlernte, den sie später heiraten sollte.

Das ist dann auch alles genau so passiert. Aber als sie an jenem Tag aus dem Haus kamen, gingen sie in die falsche Richtung. Nicht zum See – ich hatte mir ausgedacht, sie könnten auf dem Weg dorthin durch den Botanischen Garten promenieren –, sondern in die damals noch sehr proletarische Altstadt jenseits der Bahnhofstraße. Und ich wusste nicht, was sie dort wollten.

Okay, ich wusste es. Aber ich wusste nicht, dass ich es wusste. Und wenn ihr jetzt denkt, liebe Enkel, so etwas sei doch nicht normal, dann habt ihr vom Beruf eures Großvaters schon eine ganze Menge verstanden.

Wenn jemand eine Erklärung dafür weiß, wie mir selber nicht bewusst sein konnte, dass Mimi und Hinda unterwegs zu einer Séance waren – ich will sie nicht hören. Dafür ist die Erinnerung an jene detektivischen Stunden am Schreibtisch viel zu magisch.

*

Auch das nächste Fundstück hat etwas mit Magie zu tun, wenn auch von einer ganz anderen Art. Die Mysterien der Religion können einen als Kind nicht nur verzaubern, sondern regelrecht verhexen. Die Vorstellung eines unsichtbaren, aber rachsüchtigen höheren Wesens kann einem ganz schön Angst machen.

Um die folgende Erinnerung verständlich zu machen, muss vorausgeschickt werden, dass das Priesteramt im Judentum innerhalb der Familie vererbt wird und dass die Priester ihren Segen nur an besonderen Feiertagen sprechen. Im Buch taucht die Assoziation an dieses »Duchenen« während einer Séance auf. Im Rückblick scheinen mir die beiden Rituale gar nicht so weit voneinander entfernt zu sein.

Dann sagte die hagere Frau, die als einzige stehen geblieben war: »Wir schließen die Augen.« Obwohl sie immer noch flüsterte, fühlte sich Hinda durch den Klang ihrer Stimme an eine strenge Gouvernante erinnert.

Gehorsam senkte sie die Lider, aber nur halb. Wenn die Kauhanim im Betsaal zum Priestersegen vor die Gemeinde traten, dann war Hinsehen ebenfalls verboten, es ging unter den jüngeren Kindern sogar das Gerücht, dass man von einem gestohlenen Blick blind werden könne. Arthur, ängstlich wie er war, hatte sich immer an das Verbot gehalten, aber Hinda hatte der Versuchung einmal nicht widerstehen können. Es war ihr nichts Schlimmes passiert, aber sie hatte auch nichts Aufregendes gesehen. Nur den Kaufmann Mosbacher mit seinem Sohn und den alten Herrn Katz, alle drei mit ausgestreckten Armen, den Tallis über den Kopf gezogen.

Bei uns zu Hause war das Verbot, den Priestern beim Segen zuzusehen, mit einer – wahrscheinlich ebenfalls vom Vater auf den Sohn vererbten – Denksportaufgabe verbunden. Wenn man zum ersten Mal hinschaut, hieß es darin, wird man auf einem Auge blind, beim zweiten Hinschauen dann auch auf dem anderen. Was passiert einem, wenn man zum dritten Mal hinschaut?

Nicht nur das Priestertum ist bestimmten Familien vorbehalten, auch die Leviten halten eine entsprechende Stammestradition bis heute aufrecht. Als Kind war ich stolz darauf, zu einer derart auserwählten Gruppe zu gehören. Lewinsky heißt »Sohn des Levi«. Vom Tempeldienst, wie er vor zweitausend Jahren Aufgabe der Leviten war, hat sich allerdings nur ein kleines Ehrenamt bis in die

Gegenwart erhalten: Bevor die Priester ihren Segen sprachen, war es unsere Aufgabe, ihnen die Hände mit Wasser zu übergießen. Überschütten hieß das. Diese Verpflichtung nahm mir die, Angst davor, etwas zu sehen, was ich nicht hätte sehen dürfen.

Die geheimnisvollen Gestalten, die, hinter ihren Gebetsmänteln verborgen, den Segen des Himmels auf uns herabriefen, waren beim Händewaschen nämlich ganz gewöhnliche Menschen, der eine roch nach Zigaretten, und der andere hatte nicht ganz saubere Fingernägel. Es war schwer vorstellbar, dass ein segenspendender Herrgott ausgerechnet auf sie hören sollte.

Ihre Gewöhnlichkeit wurde auch durch die silberne Kanne nicht weggezaubert, die wir uns von Levi zu Levi weiterreichten. Mein Ehrenamt gestattete mir einen Blick hinter die theologischen Kulissen, und nichts macht einem die Gläubigkeit schwerer als das Wissen um die Details ihrer Inszenierung.

Es hat schon seinen Grund, dass man während solcher Zeremonien die Augen geschlossen halten soll.

*

Mimi hatte ein für alle Mal ein Wortspiel erfunden, mit ›chrétien‹ und ›crétin‹, und das warf sie immer wieder neu in die Debatte, auch wenn schon beim ersten Mal niemand darüber gelacht hatte.

Ich lege ein volles Geständnis ab: Dieses Wortspiel ist nicht meine Erfindung. Man muss als Schriftsteller dort stehlen, wo es etwas zu stehlen gibt, und so habe ich es aus einem Buch mit Musikeranekdoten übernommen.

Das Original aus dem 19. Jahrhundert lautet so: »Die berühmten Pianisten Hans von Bülow und Moritz Moszkowski waren einmal in Paris zur einer musikalischen Soirée eingeladen, und beide wurden aufgefordert, sich ins Poesiealbum der Gastgeberin einzutragen. Der teutonisch strenge von Bülow schrieb: ›Bach, Beethoven, Brahms! *Tous les autres sont des crétins!*‹ Worauf Moszkowski darunter notierte: ›Mendelssohn, Meyerbeer, Moszkowski! *Tous les autres sont des chrétiens!*‹«

Aber Mimi wird es für ihre eigene Erfindung gehalten haben.

*

Das Gedächtnis ist ein seltsamer Mechanismus.

Als ich beim Wiederlesen von *Melnitz* zu dem Kapitel mit der Fahnenweihe des jüdischen Turnvereins kam, meinte ich genau zu wissen, wie die exakte Beschreibung des jungen Mannes lautete, der bei diesem feierlichen Anlass die neue Fahne tragen durfte. Ich meinte mich ganz genau an die Details meiner Schilderung zu erinnern, das altdeutsche Kostüm, der breitkrempige Hut mit dem Federschmuck, die Stulpenhandschuhe.

Und dann stand da nur:

Der Fähnrich – nur wegen seines imponierenden Körperbaus ausgewählt – trat vor.

Ende der Beschreibung. Kein Wort über das Kostüm, den Hut oder die Handschuhe. Und was da über den Körperbau des Fahnenträgers stand, entsprach auch nicht den Tatsachen. In Wirklichkeit war er eher schmächtig, und das schüttere Schnurrbärtchen machte ihn auch nicht imposanter.

Ich muss das erklären.

Als ich die Szene schrieb, war ich fest davon überzeugt, ich würde mir das alles ausdenken. So wie ich später fest davon überzeugt war, ich hätte es auch hingeschrieben. Beides entsprach nicht den Tatsachen.

Beim Glauben an die eigene Kreativität war ich einer Selbsttäuschung aufgesessen. Die mir erst bewusst wurde, als das Buch schon längst erschienen war. Ich wäre mir selber wohl nie auf die Schliche gekommen, wenn sich meine Mutter nicht entschlossen hätte, ins Altersheim zu ziehen. (Oder genauer gesagt: Wenn die Umstände diesen Entschluss nicht für sie gefasst hätten.) Als mein Bruder und ich ihre Wohnung räumten, tauchte unter all dem Krimskrams, den sie aufbewahrt hatte, auch eine alte Fotografie auf. »Komitee – Fahnenweihe – 7. März 1914« stand darunter, und das Bild zeigte zwei Reihen höchst unsportlich wirkender älterer Herren im Feiertagsstaat, die mit entschlossenen Blicken die Kamera fixierten. Hinter ihnen, exakt so gekleidet, wie ich es im Buch geschildert zu haben glaubte, schwenkte der Fahnenträger die neue Vereinsfahne. Wobei »schwenken« das falsche Wort ist. Ein Assistent hielt eine Ecke der Fahne hoch, damit sie vom Fotografen in voller Pracht für die Ewigkeit festgehalten werden konnte.

Und – als ich das Bild fand, überraschte mich das mehr als alles andere – der Fähnrich, den ich beim Schreiben so genau vor mir gesehen hatte, dass ich vergaß, dieses Bild auch in Worten festzuhalten, dieser Fähnrich war mein Großvater. Mein damals noch sehr junger Großvater.

Im Nachhinein ist leicht zu erklären, wie es zu diesem Durcheinander von Erinnerung und Erfindung kommen konnte: Ich muss die Fotografie einmal als Bub gesehen und später wieder vergessen haben. Aber in meinem Hinterkopf (oder wo immer sonst solche unbewussten Erinnerungen aufbewahrt werden) blieb sie weiterhin vorhanden, und als ich diese Fahnenweihe beschrieb, muss ich sie mir angesehen haben, ohne es zu merken. Und war fest davon überzeugt, ihre Details erfunden zu haben, so wie ich bis heute fest davon überzeugt war, ich hätte sie in *Melnitz* genau so geschildert.

Was wieder einmal ein Beweis dafür ist, dass man sich auf seine eigenen Erinnerungen überhaupt nicht verlassen kann. *Caveat emptor!*

*

An der Bohnensuppe, in der vor lauter Würsten und Rauchfleisch ein hineingesteckter Löffel nicht umfiel, hätten sich auch zwanzig Leute satt essen können.

Diese Bohnensuppe, ach, diese Bohnensuppe!

Wenn ich sie heute probieren wollte, sie läge mir wie Beton im Magen, und ich würde mich die ganze Nacht schlaflos im Bett wälzen. Aber als Kind gab es für mich keine größere Köstlichkeit.

Entstanden aus dem religiösen Verbot, am Sabbat zu kochen, wurde diese Suppe schon am Freitagabend auf den Herd gesetzt und köchelte dann bis zum Mittagessen des nächsten Tages auf kleiner Flamme vor sich hin. Und meine Großmutter – denn nur bei ihr kam diese Kalorienbombe auf den Tisch – hatte sich tatsächlich zum Ziel gesetzt, einen hineingesteckten Löffel nicht umfallen zu lassen. (Oder war das ein Familienscherz, der in meiner Erinnerung zur Wirklichkeit geworden ist?)

Es war aber auch wirklich alles drin in dieser Suppe. »Die Bubbe mit dem Seijdn«, wie man das in der Familie meiner Frau mit ihrer ostjiddischen Tradition nennt. Was wörtlich übersetzt »die Großmutter samt dem Großvater« heißt, aber in diesem Fall konkret bedeutete: Rauchfleisch, Lyonerwürste, Landjäger, Markbeine und was die koschere Metzgerei sonst noch im Angebot hatte. Und natürlich die großen weißen Bohnen, die den Geschmack der Fleischwaren eine Nacht lang in sich eingesogen hatten.

So eine reichhaltige Suppe eignete sich natürlich nicht als Ouvertüre zu einer Mahlzeit, sie *war* die Mahlzeit, und es war unmöglich – zumindest mir war es unmöglich –, nur wenig davon zu essen. Nach der zweiten oder dritten Portion verstand man dann auch als Kind. warum sich meine Großeltern nach dem Essen immer erst einmal hinlegen mussten.

Jahre später, als jungverheiratetes Paar, beschlossen meine Frau und ich, bei einer unserer allerersten Einladungen genau diese Suppe zu servieren. Aber es fehlte uns an der notwendigen gastronomischen Erfahrung, oder meine Großmutter hatte ihr Koch-Gen nicht an mich vererbt. Egal warum, uns passierte das Schlimmste, was bei diesem Rezept passieren kann: Die Suppe brannte an. Und wir hatten nichts im Haus, das wir als Ersatz anbieten konnten. Es blieb uns deshalb nichts anderes übrig, als den allzu verkohlten Bodensatz wegzuschmeißen und den Rest trotzdem auf den Tisch zu bringen. Um dann, als alle nach dem ersten Löffel das Gesicht verzogen, zu behaupten: Doch, genau so müsse die Suppe sein, dieser Rauchgeschmack, das sei jetzt eben die jüdische Spezialität. Die Gäste haben uns nicht zu widersprechen gewagt, wahrscheinlich aus Angst, es könnte ihnen als Antisemitismus ausgelegt werden. Aber von da an hatten sie von koscherer Kochkunst bestimmt keine hohe Meinung mehr.

*

Beim Wiederlesen von *Melnitz* bin ich im Jahr 1937 angekommen. An der landwirtschaftlichen Schule Strickhof duellieren sich der jüdische Schüler Hillel und sein Beinahe-Freund Böhni, indem sie an der

Tür ihres Spinds Bilder befestigen, die den einzigen Zweck haben, den andern zu ärgern. Böhni, dem der Faschismus eine einleuchtende Erklärung für den Zustand der Welt zu sein scheint, hat als letztes ein Plakat der rechtsradikalen Fröntler aufgehängt.

Hillel sagte gar nichts dazu, sondern hängte nur seinerseits ein neues Foto auf: ein Schomér in der Ebene von Chula, der wachsam in die Landschaft hinausspähte, blond und braungebrannt. Das Gewehr über der Schulter und die entschlossenen männlichen Gesichtszüge mit den gegen die Sonne zusammengekniffenen Augen signalisierten deutlich: »Wir Zionisten lassen uns nichts gefallen und sind bereit, uns zu wehren.« Das Foto fand im Sechserzimmer allgemein Anerkennung, und der Kudi Lampertz meinte, er hätte nicht gedacht, dass sich Hillel für Cowboys interessiere.

Dieses Bild eines zionistischen Siedlers in Heldenpose hat sich mir eingeprägt, als ich anfing, Bücher zu lesen. Es stand auf dem Titelblatt einer zionistischen Werbeschrift mit dem Titel *Der Retter von Chula*, die ich als Kind oft gelesen habe – nicht, weil ich von den darin enthaltenen Geschichten so begeistert gewesen wäre, sondern weil ich in meiner Lesegier jedes Buch in unserem nicht sehr üppig bestückten Bücherregal immer wieder noch einmal durchgelesen habe.

Das Buch, aber das habe ich erst jetzt nachgesehen, ist 1935 in Berlin erschienen, zu einer Zeit also, als die Nazis noch auf die Auswanderung aller Juden hinarbeiteten und deshalb zionistische Literatur förderten. Auch das Titelbild habe ich im Internet wiedergefunden und dabei festgestellt, dass mein Kopf auch da einiges dazuerinnert hat: Von einem Gewehr ist weit und breit nichts zu sehen, die Gesichtszüge sind nicht männlich, sondern kindlich und die Augen nicht zugekniffen, sondern weit geöffnet. »Optimistisch in die Zukunft blickend« hätte der Verfasser dieser *Jüdischen Jugendgeschichten aus dem neuen Palästina* das wohl genannt.

Welche Heldentat der jugendliche Retter in diesem Buch vollbrachte, habe ich längst vergessen. Die Jugenderinnerung wäre auch gar nicht erwähnenswert, wenn sie nicht viele Jahre später eine Fortsetzung bekommen hätte. Als ich in Paris Léa Marcou kennenlernte, die *Melnitz* ins Französische übersetzt hatte, brachte sie zu unserem Treffen ein Buch mit: *Der Retter von Chula*. Sie habe das als Kind gelesen, erzählte sie mir, und die Beschreibung in *Melnitz* habe sie daran erinnert. Es war tatsächlich das gleiche Buch, und weil gemeinsame Lektüre noch mehr verbindet als gemeinsame Gene, habe ich sie von jenem Tag an *tante Léa* genannt.

*

Manchmal versteckt sich die persönliche Konterbande in einem kleinen Detail, und manchmal, wie bei der nächsten Geschichte, hat sie sich überhaupt nicht verkleidet und ist auf den ersten Blick zu erkennen.

> *Er hatte einmal von einer Frau gehört, bei den ganz Orthodoxen, der hatte man ihren Gatten durch einen Schadchen zugeführt, und als man ihr unter der Chuppe den Schleier hob und sie ihn zum ersten Mal sah, da hatte sie sich übergeben müssen, so hässlich fand sie ihn. Es solle aber, sagten die Leute, dann doch noch eine glückliche Ehe geworden sein.*

Ich habe schon als Kind von dieser Frau gehört. Nicht, dass man uns von ihr erzählt hätte – *pas devant les enfants!* –, aber man bekommt in diesem Alter auch die Dinge mit, die nur für Erwachsenenohren bestimmt sind, und gerade, weil man sie eigentlich nicht gehört haben darf, prägen sie sich fürs ganze Leben ein.

Die Frau in der Geschichte war die Schwester meiner Großmutter, Tante Melly, und der Mann, der ihr am Tag ihrer Hochzeit so gar nicht gefiel und mit dem sie dann doch eine gute Ehe führte, wurde später Oberrabbiner von Amsterdam. (Wenn die mündliche Überlieferung unserer Familie sein Amt nicht wichtiger gemacht hat, als es in Wirklichkeit war.)

Tante Melly gehörte zu jenen Zweigen unseres Stammbaums, von denen nach dem Mordregime des Dritten Reiches nur noch die Erinnerung übriggeblieben war, und diese Erinnerung, bei jeder Erzählung ein bisschen verkürzt, bestand schließlich nur noch aus zwei Episoden. Die eine, in *Melnitz* zitierte, betraf ihre Eheschließung, die andere ihren Tod.

Nach dem Überfall der deutschen Truppen auf Holland und Belgien brach in Amsterdam in der jüdischen Gemeinde Panik aus, genau wie in Zürich, und auch dort ergriffen viele Menschen die Flucht. Tante Melly und ihr Mann taten es nicht, auch nicht, als die Razzien der Besatzer schon begonnen hatten. Vielleicht fühlte er sich als Rabbiner verpflichtet, seine Gemeinde nicht zu verlassen. Und so wurden die beiden verhaftet, über Westerbork nach Auschwitz deportiert und dort ermordet.

Ich nehme an, dass diese Reduktion von Erinnerungen auf wenige Details nicht nur in unserer Familie gang und gäbe ist. Oft bleibt von einem Menschen nur eine Anekdote übrig, während die Person selber bereits vergessen ist. So habe ich keine Ahnung, was das für eine namenlose Tante gewesen sein kann, von der man sich erzählte, sie sei so dick gewesen, dass man in ihrem Haus einen Lastenaufzug habe einbauen müssen.

Welche Geschichten werden in der Familientradition wohl von mir einmal übrigbleiben? Vielleicht kann dieses Buch zumindest euch, liebe Enkel, als Gedächtnisstütze dienen.

*

Um eine erste Zwischenbilanz über meine Fundstücke zu ziehen: Sie stammen fast alle aus frühen Jugendjahren. In *Melnitz* könnte das damit zusammenhängen, dass die jüdische Religion für mich mit jedem Jahr des Älterwerdens immer unwichtiger wurde. Aber vielleicht liegt es auch einfach daran, dass man als Kind alles so viel farbiger und unmittelbarer wahrnimmt, als man es später als rasonierender Erwachsener tut. Ich bin gespannt, worauf ich im nächsten Buch alles stoßen werde.

Doppelpass
2009

Ein Buch mit einer ungewöhnlichen Entstehungsgeschichte: Es erschien zuerst als Fortsetzungsroman in der *Weltwoche*, einer Zeitschrift, deren Weltanschauung ganz und gar nicht die meine ist. Als mich die Anfrage dafür erreichte, war meine erste Reaktion ein spontanes Nein, und ich meine mich zu erinnern, ich hätte damals die Liedzeile *Spiel nicht mit den Schmuddelkindern* zitiert. Aber vielleicht hätte ich sie auch nur zitieren sollen und habe es in Wirklichkeit nicht getan. An die besten Pointen erinnert man sich oft dann, wenn man sie gar nicht gemacht hat.

Ich habe meine Meinung dann doch geändert und den Auftrag angenommen. Wann bekommt man schon die Gelegenheit, war meine Überlegung, die Leserschaft eines so streng SVP-orientierten Magazins mit einer anderen Weltsicht konfrontieren zu können?

Um ehrlich zu sein: Mich reizte auch die handwerkliche Herausforderung. In einem Fortsetzungsroman lässt sich ein einmal geschriebenes Kapitel nicht mehr nachträglich korrigieren oder verändern; was erschienen ist, ist erschienen. Das machte die Schreibarbeit schwieriger und damit für mich auch interessanter. Ich mag solche Herausforderungen. Und sich in einer Sparte zu versuchen, die auch schon Charles Dickens betrieben hat, schmeichelt der Autoreneitelkeit.

Doppelpass erzählt die Geschichte von zwei jungen Männern aus demselben afrikanischen Dorf, die aus ganz verschiedenen Gründen in die Schweiz gekommen sind, der eine als erfolgreicher Fußballspieler, der seiner Mannschaft vielleicht sogar zur Meisterschaft verhelfen kann, der andere als illegaler Flüchtling, der sich in der reichen Schweiz, die er nur aus den spärlichen Briefen seines Jugendfreundes kennt, ein besseres Leben erhofft.

Die beiden sind sich von ihrer Herkunft her sehr ähnlich, erfahren aber in der Schweiz einen sehr unterschiedlichen Empfang. Der nützliche Fußballstar wird von allen Seiten verwöhnt und umworben, man bietet ihm sogar das Schweizer Bürgerrecht an, denn die Nationalmannschaft kann immer Verstärkung brauchen. Der Flüchtling hingegen muss erfahren, dass die großen Worte »Hilfsbereitschaft« und »Solidarität« eben nur

Worte sind und dass für Fremde, die der Volkswirtschaft keinen Nutzen bringen, in diesem Land kein Platz ist.

Es war ein Roman gegen die Flüchtlingspolitik der SVP, publiziert im Leibblatt der SVP-Anhänger – und er blieb völlig wirkungslos. In der ganzen Zeit, in der die fünfzig Kapitel wöchentlich erschienen, hat mich aus dem Kreis der Abonnenten nicht ein einziges Mal ein empörter Brief erreicht, was ich bis heute als Misserfolg empfinde. Ich muss etwas falsch gemacht haben.

Übrigens: Roger Köppel, der Chefredakteur der *Weltwoche,* realisierte nach ein paar Folgen, auf was er sich da eingelassen hatte, und hätte das Experiment gern vorzeitig abgebrochen. Aber er hielt sich sehr fair und korrekt an die Bedingungen, die wir von Anfang an verabredet hatten, und druckte alle Fortsetzungen ab, ohne irgendeine redaktionelle Zensur auszuüben.

*

Die beiden Afrikaner, beide heißen sie Keita, begegnen sich im Roman zum ersten Mal, als der Flüchtling auf dem Grundstück seines alten Freundes auftaucht und von diesem für einen Einbrecher gehalten wird. Er schießt auf den vermeintlichen

Eindringling und benutzt dabei ein altmodisches Gewehr, das er geschenkt bekommen hat, als er einmal am Sechseläuten als Ehrengast bei einer Zunft eingeladen war.

Der Zunftmeister hatte eine Ansprache gehalten nach dem Essen. Er hatte nicht alles verstanden, aber es musste eine lustige Rede gewesen sein, denn ringsum lachten sie nach jedem Satz, überlaut und mit roten Köpfen. »Der beste Schütze der Schweiz braucht auch ein echt schweizerisches Gewehr«, hatte der Zunftmeister gesagt, und dann hatte die Kapelle einen Marsch gespielt, und zwei Buben in Landsknechtsuniformen hatten den Karabiner durch den Saal getragen.

Die beiden verkleideten Buben an einer Zunftveranstaltung – das waren in der Realität mein Bruder und ich. Im Alter von etwa zehn Jahren waren wir im Kostüm mittelalterlicher Landsknechte am Kinderumzug des Sechseläutens mitgelaufen, zusammen mit einem dritten kleinen Jungen in einer ebenso martialischen Uniform. Ich nehme an, man hatte diese Minikompanie zusammengesetzt, weil unsere Verkleidungen aus demselben Kostümverleih stammten. Nun war der Vater dieses fremden

Buben aber Mitglied einer Zunft – ich kann mich beim besten Willen nicht erinnern, welche es war –, und der kam auf den Gedanken, uns beide zusammen mit seinem Sohn nach dem Umzug zu einem Zunftanlass mitzunehmen, wahrscheinlich weil sich dort drei Landsknechte im Kleinformat auf gut eidgenössische Art niedlich ausnehmen würden.

(Vielleicht, fällt mir beim Schreiben ein, waren wir an jenem Sonntagabend die allerersten jüdischen Gäste einer Zürcher Zunft. Der Antisemitismus war dort zwar nie offizielles Programm, aber einen Dreyfus oder Bollag hätte man in jenen Jahren bestimmt vergeblich auf einer Mitgliederliste gesucht.)

In der Zunftstube, in der mein Bruder und ich zu Gast waren, wurde niemandem ein Karabiner aus den dreißiger Jahren überreicht. Aber wenn der Fußballstar Keita anwesend gewesen wäre, so hätten ganz bestimmt wir kleinen Landsknechte ihm sein Andenken überbringen dürfen.

Übrigens: Ich erinnere mich noch genau, dass die Uniformen aus dem Kostümverleih jede Menge Mottenlöcher hatten. Jedes einzelne davon war hinter einem aufgenähten weißen Schweizerkreuz im Kleinformat versteckt, so dass ich von oben bis unten mit Schweizerkreuzen übersät war. Ich dachte damals, das müsse so sein.

*

In einer anderen Episode unterhält sich Vereinspräsident Eidenbenz am Neujahrsempfang seines Fußballklubs mit der Verlobten seines Mittelstürmers Tom Keita.

> *»Du musst ein bisschen auf ihn aufpassen, Mädchen.« Eidenbenz war in einer jovialen Stimmung, und wenn ihm so zumute war, nannte er alle Frauen Mädchen. Vor allem, wenn sie jung und hübsch waren.*

Dieselbe Eigenschaft, das fällt mir erst jetzt beim Wiederlesen auf, kann sympathisch oder unsympathisch wirken, je nachdem, welcher Figur sie zugeordnet wird. Beim Schreiben habe ich, so wie ich mich erinnere, überhaupt nicht gemerkt, dass ich die Angewohnheit, Frauen als »Mädchen« anzusprechen, einem Menschen abgeschaut hatte, bei dem diese Anrede einen ganz anderen, sehr viel positiveren Charakter hatte. Was bei Eidenbenz nur als besoffene Zudringlichkeit wahrgenommen werden kann, wirkte bei seinem sprachlichen Vorbild als burschikoses Freundschaftsangebot, so wie er mich, auch als ich die sechzig schon längst überschritten hatte, immer noch als »Junge« titulierte.

Vielleicht lag es auch einfach daran, dass man hinter einer echten Berliner Schnauze immer das Herz spürt.

Er hatte ein großes Herz, mein Freund Wolfgang Rademann. Von Kollegen habe ich zahllose Anekdoten über die selbstlose Hilfsbereitschaft dieses Fernsehproduzenten gehört, aber unter dem Motto »Sind Sie das?« soll hier nur eine erzählt werden, die mich selber betraf. Wolfgang rief mich eines Tages an und sagte: »Ich habe gehört, bei dir ist der Keller überschwemmt. Kann ich dir irgendwie helfen?«

»Wo bist du denn gerade?«, fragte ich, denn er war ein Mensch, der ins Flugzeug stieg wie andere Leute in die Straßenbahn.

»In Montreal«, sagte er.

»Und wie willst du mir von dort aus helfen?«

»Wenn du mich brauchst, nehme ich den nächsten Flieger.«

Und das Verrückte ist: Wenn ich ihn darum gebeten hätte, er wäre sofort zum Flughafen gefahren.

Einem solchen Menschen nahm man es nicht übel, wenn er vor lauter Herzlichkeit manchmal Formulierungen verwendete, die man nicht erst nach der *Me-too*-Debatte als übergriffig empfinden konnte. Eine junge Schauspielerin, die sich ihm in seinem »Büro« vorstellte – mit anderen Worten: in der Bar des Hotels Kempinski, wo er seine Geschäfte abzuwickeln pflegte –, begrüßte er einmal mit den Worten: »Mensch, Mädchen, du hast ja gar nicht so einen dicken Hintern, wie alle sagen.« Da musste man schon leer schlucken. So wie ich damals leer schluckte, als er mir, nachdem ich mich durch meine Absagen in Sachen Unterhaltungsshows selber arbeitslos gemacht hatte, aus heiterem Himmel das Angebot machte, eine Fernsehserie für ihn zu schreiben.

»Aber ich habe so etwas noch nie gemacht!«, sagte ich in der ersten Überraschung, und er antwortete: »Macht nichts, Junge. Irgendwann muss man anfangen.«

Florida Lady hieß die Serie, und als wir dann später bei den Recherchen dazu kreuz und quer durch Florida reisten, mussten wir vor Meetings mit wichtigen Leuten immer jemanden vorausschicken, der unsere Gesprächspartner vorwarnte: »Jetzt kommt gleich ein Mann in einem ausgeleierten Jackett, der kein Wort Englisch spricht. Aber lassen Sie sich nicht täuschen: Er ist der wichtigste Fernsehproduzent Deutschlands.«

Äußerlichkeiten waren ihm nicht wichtig. Er wollte Filme drehen, die bei einem großen Publikum ankamen, und das zusammen mit Menschen, die er mochte. Und er wollte, so stand es auch in seinem Vertrag, so viel reisen können, wie er wollte. Er stieg auch schon mal in den Flieger, nur um sich eine neue Show in Las Vegas anzusehen. Und flog am nächsten Morgen wieder zurück.

Er liebte alles, was mit Show zu tun hatte, und ich glaube, je künstlicher die Sensationen waren, desto besser gefielen sie ihm. Einmal schleppte er mich in Orlando durch *Disneyworld,* versehen mit einem speziellen Ausweis, der es uns erlaubte, von Attraktion zu Attraktion zu wechseln, ohne uns bei den Warteschlangen anstellen zu müssen. Nach ein paar Stunden war ich groggy, während er total aufgekratzt war und nur bedauerte, dass wir kein Kind dabeigehabt hatten. »Wenn man sieht, wie die sich freuen, macht es noch viel mehr Spaß.«

So einem Menschen verzeiht man – ganz im Gegensatz zu einem Eidenbenz – eine ganze Menge. Auch eine völlig unkorrekte Anrede.

*

Ein Wortspiel, das in einem Dialog zwischen zwei Fußballspielern vorkommt, hängt in meinem Büro als Karikatur an der Wand. Sie zeigt den Politiker Christoph Blocher hinter einem Rednerpult, aber die Worte seiner Ansprache kommen nicht als

Sprechblase aus seinem Mund, sondern als kleine Wölkchen aus seinem Hintern. Und auf dem großen Plakat hinter ihm steht …

Nein, zuerst die Stelle aus *Doppelpass,* zu der mich diese Zeichnung inspiriert hat. (Und es hat mir besonderen Spaß gemacht, diese Pointe ausgerechnet in der *Weltwoche* zu verwenden.) Die Situation: Mittelstürmer Tom Keita fragt einen Mannschaftskollegen mit jugoslawisch klingendem Namen, wo seine Familie eigentlich herkomme.

»Ich meine: mit deinem Namen. Ich meine: ursprünglich.«
»Ursprünglich ist überhaupt niemand Schweizer«, sagte Mirko. »Selbst die Blochers und die Schlüers haben sie irgendwann eingebürgert.«
»Nein, was ich wissen wollte: wie ist deine Familie eigentlich hier ins Land gekommen?«
»Worauf willst du hinaus, Tom? Bist du neuerdings in die AUNS *eingetreten?«*

Für euch, liebe Enkel, muss ich wohl erklären, was AUNS bedeutet. Ich hoffe zumindest, dass ich es euch erklären muss. Es wäre schön, wenn ihr in einer Zeit leben dürftet, in der diese Organisation rückwärtsgewandter Superschweizer nicht mehr existiert. Also, liebe Enkel: AUNS steht für *Aktion für eine unabhängige und neutrale Schweiz* und ist politisch am rechten Flügel einzuordnen. Am sehr rechten Flügel. Es freut mich, dass ihr das nicht mehr wisst.

Der Fußballspieler Keita wusste es auch nicht.

Aber Tom wusste nicht einmal, was die AUNS *war. Und Mirkos Witz, es handle sich um einen Druckfehler für ›Anus‹, verstand er überhaupt nicht.*

Auch in der gerahmten Karikatur an meiner Bürowand ist der Name der Organisation entsprechend verändert. Hinter dem Phrasen furzenden Redner steht in großen Lettern: *Aktion für eine neutrale und unabhängige Schweiz.* Und eben die entsprechende Abkürzung: *ANUS.*

Ich habe die Karikatur vor vielen Jahren von ihrem Zeichner Nico gegen ein signiertes Buch eingetauscht. Wir lernten uns kennen, als wir beide für den *Prix Walo* nominiert waren, damals, als meine Sitcom *Fascht e Familie* alle Preise gewann, die es in dieser Sparte des Fernsehens zu gewinnen gibt. Die Trophäe selber war übrigens von so unglaublicher Hässlichkeit, dass ich einen Teil davon abmontiert und weggeschmissen habe. Der Rest sieht ganz anständig aus.

*

Ein Mittelstürmer schießt in einem wichtigen Fußballspiel zwei brillante Tore. Der Sieg scheint seiner Mannschaft schon sicher, als der Schiedsrichter in der letzten Minute einen Elfmeter für den Gegner pfeift. Da der eigene Torhüter die rote Karte bekommen hat und keine Einwechslung mehr möglich ist, muss sich der Feldspieler ins Tor stellen und versuchen, den alles entscheidenden Penalty abzuwehren.

Und dann:

Er sah den Stürmer anlaufen, wie in Zeitlupe kam es ihm vor, er sah ihn schießen und warf sich, ohne zu überlegen, in eine Ecke. Seine Fingerspitzen berührten etwas, und einen verwirrten Augenblick lang dachte er, er sei gegen den Pfosten gestoßen. Aber es war nicht der Pfosten. Es war der Ball.
Der Schlusspfiff ging im allgemeinen Jubel unter. Seine Kameraden trugen ihn auf den Schultern zur Kurve der treusten Fans. […]
So wurde Tom Keita zum Volkshelden. Zwei Tore und ein – als Feldspieler! – gehaltener Elfmeter, das hatte auch Wilhelm Tell nicht geschafft.

Sind Sie das? Natürlich bin ich das! Diese Tore habe ich geschossen, und diesen Elfmeter habe ich gehalten. Ich kann mich noch ganz genau daran erinnern, in allen Einzelheiten.

Nur dass es leider nie passiert ist.

Für das Geschichtenerzählen, das einmal mein Beruf werden sollte, habe ich schon als Kind zu üben begonnen. Ich hatte dafür den perfekten Trainingspartner: meinen Bruder Robert. Wir Buben teilten uns ein Schlafzimmer, und wenn das Licht gelöscht war, improvisierten wir von Bett zu Bett kleine Hörspiele, in denen immer wir beide die Helden waren. Meistens ging es dabei um sportliche Großereignisse, in denen wir in unserer Phantasie jedes Mal als die Hauptakteure brillierten. Es musste nicht immer Fußball sein. Ich kann mich noch gut erinnern, wie wir als die Eishockeybrüder Uli und Gebi Poltera vom Eishockeyclub Arosa jedes Spiel gewannen. (Was für mich eine besondere Phantasieleistung darstellte, weil ich es mein Leben lang nicht geschafft habe, länger als zehn Sekunden auf Schlittschuhen zu stehen, ohne hinzufallen.)

Wenn ich mir diese Geschichten damals allein ausgedacht hätte, ich hätte pro Spiel mindestens zwanzig Tore geschossen und wäre jede Nacht vor dem Einschlafen zehnmal Weltmeister geworden. Zum Glück hatte mein Bruder mehr dramaturgisches Verständnis und ließ es nicht zu, dass ich mich meinen egomanischen Phantasien allzu ungebremst hingab. »Mit Übertreibungen verwässert man eine Geschichte nur«, sagte er einmal, und ich bin ihm für diesen guten Rat bis heute dankbar. Da er sonst beim gemeinsamen Geschichtenerfinden nicht mehr mitgespielt hätte, musste ich notgedrungen lernen, meinen angeborenen Hang zur Übertreibung zu zügeln und dafür meine Stories ein bisschen runder zu gestalten.

Bis ich dann in *Doppelpass* der Versuchung, noch einmal so einen richtigen Kinderschlafzimmer-Triumph zu feiern, nicht widerstehen konnte.

*

U redete etwas, das er selber, wie sie nach einiger Zeit herausgefunden hatten, für Englisch hielt. Er hatte es wohl heimlich gelernt, aber nur aus einem Buch, ohne je mit der gesprochenen Sprache in Kontakt gekommen zu sein.

Als ich *Doppelpass* schrieb, war die Sache mit dem aus einem Buch gelernten Englisch noch eine ganz frische Erinnerung. Im Jahr davor war ich mit meiner Frau in China gewesen, wo man mir in einer der seltsamsten Zeremonien meines Lebens einen

Literaturpreis überreicht hatte. An den offiziellen Teil hatten wir zwei Wochen privater Ferien angehängt. Bei einem Zwischenhalt hatte uns unser Reiseleiter seiner Verlobten vorgestellt, die, wie er voller Stolz erklärte, perfekt Englisch spreche, weil sie diese Sprache nämlich unterrichte.

Und dann verstanden wir kein Wort von dem, was sie sagte.

Der Hintergrund für das unverständliche Englisch dieser Englischlehrerin war politisch. Ein Kadermitglied in Beijing hatte beschlossen, dass alle Schüler im Land ab einer bestimmten Stufe Englisch lernen sollten, und in dem kleinen Ort, wo sie Lehrerin war, war sie von der Bürokratie für diese Aufgabe bestimmt worden. »Ab nächstem Semester bringst du deinen Schülern diese Fremdsprache bei«, hatte man ihr gesagt und ihr ein entsprechendes Lehrbuch in die Hand gedrückt, mit dem solle sie sich auf ihre neue Aufgabe vorbereiten. Sie hatte auch brav alles auswendig gelernt, was in dem Buch stand, aber eben: Das war geschriebenes und kein gesprochenes Englisch. Und so hatte sie sich als gehorsames Parteimitglied eben eine eigene Aussprache zurechtgebastelt.

Es war auf dieser Reise nicht das erste Mal gewesen, dass Englisch gesprochen wurde und ich es nicht mitbekam. Bei der offiziellen Preisverleihung in Beijing waren die unendlich langen Reden auch alle in diese Sprache übersetzt worden, und auch hier war die Aussprache des Dolmetschers recht unorthodox gewesen, um es höflich zu formulieren. Im Lauf seiner Suada wurde mir immer erschreckender bewusst, dass ich bei seiner Art, mit Worten umzugehen, noch nicht einmal meinen eigenen Namen verstehen würde, wenn es Zeit für mich war, nach vorne zu gehen und meinen Preis in Empfang zu nehmen. Genau so ist es dann auch gekommen. Zum Glück hat mein Übersetzer mit einem diskreten Winken verhindert, dass ich einfach sitzen blieb, als ich aufgerufen wurde.

(Bei derselben Preisverleihung wurde übrigens auch der französische Schriftsteller Jean-Marie Le Clézio geehrt, der wenige Monate später den Nobelpreis für Literatur erhalten sollte. Ich kann also voller Stolz sagen, dass ich einen echten Nobelpreisträger kenne und dass ich auch noch ganz genau weiß, was er bei unserer Begegnung zu mir gesagt hat. Er kam am Morgen unseres großen Tages im Frühstücksraum unseres Hotels an unseren Tisch und sprach die unvergessliche Nobelpreisträger-Sentenz: »Haben Sie zufällig ein Mittel gegen Durchfall dabei?«)

*

Habe ich etwas Neues gelernt, nachdem ich *Doppelpass* nach mehr als einem Jahrzehnt noch einmal gelesen habe? Eigentlich nur, dass die Eile des Schreibens – jede Woche eine Fortsetzung – der Qualität der Sprache nicht zuträglich war. Viel zu viele Füllwörter, die ich in einer späteren Bearbeitungsrunde wohl alle gestrichen hätte.

Aber die Story funktioniert, und ich habe nur einen einzigen Punkt entdeckt, bei dem ich mir in zwei verschiedenen Kapiteln widersprochen habe. Aber den verrate ich hier nicht. Wenn das Buch noch einmal aufgelegt werden sollte, muss meine Lektorin auch etwas zu tun haben.

Gerron

2011

Nicht jede Geschichte lässt sich auf die gleiche Art erzählen. Bei *Gerron* habe ich besonders viele Anläufe gebraucht, um die richtige Form zu finden. Und dabei wusste ich doch – ganz im Gegensatz zu anderen Projekten – von Anfang an sehr viel über das Leben und Sterben des Regisseurs, Schauspielers und Sängers Kurt Gerron. Wahrscheinlich war es genau dieses Wissen, das mir die selbstgestellte Aufgabe so schwer machte.

Für gewöhnlich habe ich, wenn ich mit einem Buch anfange, nur eine sehr vage Vorstellung von den Figuren und ihren Schicksalen und schreibe mich dann ganz allmählich an die Geschichte heran. Im Lauf dieses Prozesses erlebe ich immer wieder Überraschungen und mache unerwartete Entdeckungen, manchmal, und das sind immer die schönsten Momente, stoße ich dabei sogar auf Dinge, »an die ich nie gedacht hätte« – obwohl es ja meine eigenen Erfindungen sind.

Bei *Gerron* musste ich einen ganz anderen Weg gehen, auch wenn mir von Anfang an klar war, dass es keine Biographie, sondern ein Roman werden sollte. Diesmal wusste ich von Anfang an, wie mein Protagonist aussah; ich konnte ihn mir schließlich jederzeit auf Fotografien oder in Filmausschnitten ansehen. Ich hatte auch jede Menge Informationen zu seinen Inszenierungen, zu den Rollen, die er gespielt, und zu den Liedern, die er gesungen hatte. Der Theresienstadt-Film, den man ihn zu drehen zwang, ist zwar nicht im Ganzen erhalten, aber es existierten genügend aussagekräftige Sequenzen. Ich kannte das Datum seiner Geburt, und ich wusste, an welchem Tag er zusammen mit seiner Frau in Auschwitz ermordet worden war.

Nur wie ich all diese Fakten in einem Buch zusammenführen sollte, das wusste ich nicht.

In der Regel lasse ich andere Leute einen Text immer erst dann lesen, wenn ich meiner Sache sicher bin. Auf den Umwegen, die nun mal zum Schreiben gehören, brauche ich keine Begleitung; wenn ich mich im Unterholz der eigenen Überlegungen verhake, muss niemand dabei sein.

Bei *Gerron* war es anders. Ich hatte schon etwa hundertfünfzig Seiten geschrieben, und mit jeder Seite verstärkte sich das Gefühl, bei meiner Expedition in das Leben der Titelfigur permanent bergauf unterwegs zu sein, ohne zu wissen, ob mich in der Richtung, in die ich mich bewegte, überhaupt ein Gipfel erwartete. Ich schickte die fertigen Kapitel deshalb an meine Tochter Tamar, mit der Bitte, mir ihre Meinung dazu zu sagen. Ich dachte dabei vor allem an ihre Fachkenntnisse als Historikerin, aber in ihrem Kommentar erwies sie sich dann als ebenso scharf analysierende wie feinfühlige Kennerin von Literatur.

»So geht es nicht«, sagte sie. »Mit diesem Konzept läufst du unweigerlich gegen die Wand. Du musst die Geschichte ganz anders erzählen.«

Dieses Buch ist für meine Enkel bestimmt, nicht für Literaturseminare, und so will ich hier nicht auseinandernehmen, warum die Erzählperspektive, die ich für die erste Fassung von *Gerron* gewählt hatte, die falsche war. Es muss genügen, festzuhalten, dass die Kritik meiner klugen Tochter so einleuchtend war, dass ich die hundertfünfzig Seiten weglegte und mit der Arbeit noch einmal von vorn begann.

Beim zweiten Anlauf bat ich Tamar schon nach hundert Seiten um ein Feedback. Es lautete: »Schon besser, aber auf dem ganz richtigen Weg bist du immer noch nicht.«

Worauf ich zum dritten Mal von vorn begann. Und diesmal, meine ich, habe ich den richtigen Pfad eingeschlagen.

Eine der Hauptschwierigkeiten bei diesem Projekt bestand darin, dass zwar über den »öffentlichen« Kurt Gerron sehr viel bekannt war, dass man aber über sein privates Leben sehr wenig weiß. Das Einzige, was er selber dazu geäußert hat, findet sich in einem kurzen Statement, das wahrscheinlich gar nicht von ihm, sondern von der UFA-Pressestelle formuliert wurde. Das Buch bekam erst dann ein eigenes Leben, als ich den Mut fand, dieses Privatleben ganz einfach zu erfinden – aber immer so, das hatte ich mir fest vorgenommen, dass meine Erfindung den bekannten Fakten nicht widersprach.

Um diese Problemstellung an einem Beispiel zu verdeutlichen: Man weiß, dass Kurt Gerron als Soldat im Ersten Weltkrieg verwundet wurde, aber es war nicht zu eruieren, an welcher Front das passiert ist und um was für eine Verwundung es sich handelte. Man weiß auch – es ist durch viele Fotografien dokumentiert –, dass er nach dem Krieg unförmig dick wurde, weil er einen permanenten Hunger einfach nicht stillen konnte. Aber nirgends war etwas darüber zu finden, was diese Fressgier ausgelöst haben könnte.

Ich habe dann – durch nichts belegt und durch nichts bewiesen – einfach behauptet, ein Granatsplitter habe seine Geschlechtsteile getroffen. Eine solche Verletzung der Keimdrüsen, habe ich mir von einem Fachmann bestätigen lassen, kann auch dazu führen, dass der Sättigungsmechanismus aus dem Gleichgewicht gerät.

Auch noch einen dritten Faktensplitter fügte ich mit dieser Theorie in das Gesamtbild ein. In vielen Erinnerungen an Kurt Gerron ist zu lesen, dass er Kinder über alles liebte. Trotzdem blieb seine Ehe kinderlos. Mit der von mir erfundenen Art seiner Kriegsverletzung wurde auch das erklärt.

Bei Lesungen aus *Gerron* wurde ich immer wieder gefragt: »Was ist denn nun in Ihrem Buch Wahrheit, und was ist Erfindung?« Die einzige Antwort, die ich zu geben wusste, war die: »Wenn Ihnen eine Passage logisch und sinnvoll erscheint – dann ist sie wahrscheinlich erfunden. Dafür entsprechen die schrecklichen, unglaublichen Episoden fast alle den überlieferten Tatsachen.«

Beim Schreiben habe ich versucht, Kurt Gerron so zu schildern, wie ich mir seinen Charakter aus vielen Einzelheiten im Kopf zusammengesetzt hatte. Es war für mich deshalb ein besonderer Moment, als sich nach dem Erscheinen des Romans eine alte Dame bei mir meldete, die zur gleichen Zeit wie Kurt Gerron in Theresienstadt gewesen war. »Er war genau so, wie Sie ihn beschrieben haben«, erzählte sie mir am Telefon und schilderte mir den Moment, als er den Deportationszug nach

Auschwitz betrat. »Er hatte seinen Ulster um die Schultern gelegt und stieg ein wie ein König«, sagte sie. Und fügte hinzu: »Er dachte wohl, es sei wieder eine Rolle.«

Ich war in diesem Moment sehr stolz auf mich, weil meine Phantasie offenbar richtig gearbeitet hatte. Aber die alte Dame holte mich ganz schnell wieder auf den Boden zurück, indem sie meinte: »Aber seine Frau haben Sie ganz falsch geschildert. Die war völlig anders.«

Es wird vieles völlig anders gewesen sein, als ich es geschildert habe. Ich bin gespannt, wie viel Privates sich unter dem Deckmantel der Phantasie in den Text hineingeschmuggelt hat.

*

Die erste Konterbande dieses Buches hat sich unauffällig und diskret in einen Nebensatz verkrochen. Aber ich bin ein guter Grenzbeamter meiner selbst und habe es trotzdem entdeckt.

Ich kam nie auf den Gedanken, dass Kalles Krankheit etwas Ernsthaftes sein könnte. Nun ja, er hustete, und vom Turnen war er befreit – worum ich ihn beneidete –, aber wir lernten uns in dem Alter kennen, wo einem die Dinge so, wie sie sind, als naturgegeben und unveränderlich erscheinen. Kalle war Kalle, und Kurt war Kurt.

Worum ich ihn beneidete …

Als ich in Luzern am Gymnasium war, habe ich jeden beneidet, der es schaffte, vom Turnen dispensiert zu werden. Ich hasste dieses Unterrichtsfach, oder, um euch nichts vorzumachen, liebe Enkel: Ich hatte panische Angst davor. Erstens weil dieses Element des Lehrplans für mich drei Wochenstunden Ausgelacht-Werden bedeutete, und zweitens, weil die Übungen, die meinen Mitschülern so selbstverständlich leichtfielen, bei mir selten ganz ohne Blessuren abgingen.

Zu allen Dingen, die körperliche Koordination verlangen, habe ich bis heute dasselbe Verhältnis wie ein Legastheniker zum Bücherlesen. Den perfekten Satz dazu sagte einmal ein Zeichenlehrer, aber jeder seiner Kollegen, der je vergeblich versucht hatte, mir so unmögliche Dinge wie die Grätsche über einen Bock beizubringen, würde ihn bestimmt unterschrieben haben. »Lewinsky«, sagte jener Lehrer, nachdem ich wieder mal in einem Stillleben sämtliche Proportionen durcheinandergebracht hatte, »ich hatte ja auch früher schon mal Schüler mit zwei linken Händen. Aber du hast vier linke Füße.«

Nein, ich war und bin kein »Gschtabi«. Ich bin ein ausgesprochener »Bewegungstubel«.

(Aber alles hat seine guten Seiten, und körperliches Ungeschick kann auch Glück bringen. Als überzeugter Nichttänzer verbrachte ich einmal einen Ballabend mit einer jungen Frau an der Bar, und wir beide tanzen jetzt schon mehr als ein halbes Jahrhundert nicht miteinander.)

Im Großen und Ganzen war ich ein braver Schüler, aber wenn es ums Turnen ging, habe ich geschwänzt, wie ich nur konnte. Am schönsten war die Zeit, als ich einmal wegen einer heftigen Gelbsucht zwei Monate das Bett hatte hüten müssen und dann von unserem Kinderarzt diesen wunderbaren Brief bekam, in dem stand, eigentlich sei ich ja noch zu schwach, um zur Schule zu gehen, aber weil ich das so unbedingt wolle, müsse er es mir wohl erlauben – allerdings mit der Einschränkung, dass ich nur die wichtigsten Fächer besuchen dürfe.

Ich habe diesen Brief fast zwei Jahre lang benutzt, um mich vor dem Turnen zu drücken.

Im nächsten Leben, das habe ich mir fest vorgenommen, werde ich Balletttänzer oder Akrobat. Ich muss mir nur einen geeigneteren Körper dafür aussuchen als in dieser Runde.

*

Beim nächsten Fundstück ist es mir peinlich, dass es in meiner Erinnerung unter den lustigen Ereignissen eingeordnet ist. Dabei war es für den betroffenen Lehrer überhaupt nicht lustig, und es ist auch nicht mit einem verstauchten Handgelenk ausgegangen, wie in diesem Schulerlebnis, an das ich Gerron habe denken lassen:

Dr. Bellinger, der uns im Physikzimmer den elastischen Stoß demonstrieren will und sich dabei die Hand verstaucht.

Bei uns im Physikunterricht ging es tatsächlich um den elastischen Stoß. Der Ausdruck hat sich mir an jenem Tag fürs ganze Leben eingeprägt, aber noch gründlicher habe ich vergessen, um was es sich dabei eigentlich handelt. Überhaupt habe ich in Physik und Chemie nie etwas kapiert. Zum Glück war mein Kurzzeitgedächtnis gut genug, um mir immer wieder über die Klippen der schriftlichen Prüfungen hinwegzuhelfen.

Es ist auch egal, was unser Lehrer uns damals genau demonstrieren wollte. Es ging wohl um den Unterschied zwischen dem elastischen Stoß und dem … Sagen wir: dem andern. Ich habe keine Ahnung, ob er sich unelastisch nennt oder ob eine ganz andere Fachbezeichnung angebracht wäre.

Egal. Die Demonstration bestand darin, dass der Herr Professor von seinem Lehrerpodest auf den Boden sprang, auf den Zehenspitzen landete, sich abfederte und damit bewiesen hatte – ja, was eigentlich? Dass sich die Energie eines Stoßes irgendwie verteilen lässt, damit sie keinen Schaden anrichtet? Zum Glück muss ich heute keine Physikprüfungen mehr ablegen.

Was ich aber noch sehr genau weiß: Er sprang dann ein zweites Mal von seinem Podest. Diesmal landete er ganz ohne Abfederung auf den Fersen, und der Schlag – ob er in dieser Variante nun elastisch oder unelastisch heißt – muss sich direkt auf sein Rückgrat übertragen haben. Auf jeden Fall lag er dann schmerzverkrümmt auf dem Boden und musste hinausgetragen werden.

Schande über mich, dass ich immer noch lächeln muss, wenn ich daran denke.

*

In der Krankenstation von Westerbork habe ich, als es mir wieder besser ging, angefangen, die Bibel zu lesen. Man muss das einmal im Leben getan haben. Um zu verstehen, warum manche Menschen davon so begeistert sind. »Du sollst Vater und Mutter ehren« steht da.

Es braucht ein eigenes Gesetz dafür, weil es eben nicht selbstverständlich ist.

Diese Auslegung des vierten Gebots habe ich von einem meiner streng orthodoxen Verwandten gehört. Es war die einzige Kritik, die er sich jemals an seinem eigenen Vater erlaubt hat, aber für seine Verhältnisse war sie auch in dieser indirekten Form recht heftig.

Dieser Vater, den ich sehr gut kannte, hatte das Bedürfnis, permanent die eigene Frömmigkeit zu demonstrieren, wenn er auch mit den intellektuellen Feinheiten der komplizierten jüdischen Religionsgesetze überfordert war. So hätte er – vor allem wenn Gäste anwesend waren – seinen Kindern nie einfach etwas befohlen, sondern stellte jedes Mal mit zuckersüßer Stimme die Frage: »Wer will seinem Vater eine Mizwe machen?« (Eine Mizwe ist die belohnenswerte Erfüllung eines göttlichen Gebots.) Worauf seine wohldressierten Kinder aufzuspringen und sich um diese Ehre zu balgen hatten.

Zu einem der erschreckendsten Erlebnisse meiner frühen Jugend gehört ein feiertägliches Mittagessen in ebenjenem Familienkreis, bei dem wieder einmal Freiwillige für eine Mizwe gesucht wurden. In diesem Fall bestand sie darin, den Nachtisch in Form einer Schüssel Schokoladencrème aus der Küche zu holen. Die Ehre wurde dem Jüngsten der Familie zuteil, und als er zurückkam, stolperte er über die Schwelle und fiel samt Nachtisch zu Boden.

Und wurde dafür – ehre Vater und Mutter! – ganz fürchterlich verprügelt.

Das ist auch wieder eine der Episoden, bei denen ich mir nicht sicher bin, wie weit ich meiner Erinnerung trauen darf. Vielleicht waren die Prügel gar nicht so schlimm, wie mein Gedächtnis es behauptet. Aber den Schock, den diese Reaktion auf das Missgeschick eines diensteifrigen kleinen Jungen in mir auslöste, habe ich bis heute nicht vergessen.

Derselbe Vater, für den der liebe Gott ein eigenes Gebot einführen musste, um ihm die anbefohlene Ehre zukommen zu lassen, hatte die Angewohnheit, anderen Familienmitgliedern – auch mir – in längeren Vorträgen ihr in seinen Augen sündiges Verhalten vorzuhalten. Als ich schon älter war und mir diese unerwünschten Vorwürfe nicht länger gefallen lassen wollte, verriet mir meine Mutter ein Zaubermittel, das es mir erlaubte, mich gegen seine Tiraden nicht zu wehren, sondern sie mit heimlichem Amüsement anzuhören. »Wenn er es allzu schlimm treibt«, sagte sie, »dann frag ihn doch einfach: ›Hast du eigentlich noch Kontakt zu dem Kind, das du damals dem Dienstmädchen gemacht hast?‹ Ich bin sicher, dann lässt er dich in Ruhe.«

Ich habe das Mittel nie angewendet. Das Bewusstsein, diesen Pfeil jederzeit im Köcher zu haben, machte es unnötig, ihn abzuschießen.

*

Was mir bei dieser Expedition durch die eigenen Bücher immer mehr auffällt: Was man von Menschen, die einem wichtig sind, erzählt bekommt, wird im Gedächtnis in der Rubrik »eigene Erlebnisse« abgespeichert. So auch beim folgenden Fundstück, das für mich in die »Sind Sie das?«-Kategorie gehört, obwohl es gar nicht meine eigene Geschichte ist, die hier paraphrasiert wird.

Die Situation: Kurt Gerron wird von einem Granatsplitter getroffen und muss deshalb einige Zeit im Lazarett verbringen. Nachdem seine Verletzung einigermaßen ausgeheilt ist, wird er als Kriegsversehrter ehrenhaft aus der Armee entlassen und dürfte eigentlich nach Hause fahren. Aber er schiebt die Rückkehr nach Berlin immer wieder auf.

Sie ließen mich dableiben, weil es an Personal fehlte. Stellten nicht viele Fragen. Waren froh darüber, dass hier einer freiwillig die Arbeiten übernahm, vor denen sich sogar die opferwü-

tigsten Rotkreuzhelferinnen ekelten. Einmal tippte ein Krankenwärter an mein Eisernes Kreuz und sagte: »Den Bettpfannenorden hätten sie dir verleihen sollen.«

Manchmal, wenn nach stundenlangem Liederschreiben die ersten Zigarettenpackungen weggeraucht und die ersten Gläser Jubi weggetrunken waren, begann Heinz Gietz aus seinem Leben zu erzählen. Eine seiner Geschichten handelte davon, wie er kurz vor Kriegsende in einem Lazarett gelegen hatte und auf gar keinen Fall gesundgeschrieben werden wollte. Denn das hätte ja bedeutet, dass er an die Front zurückgemusst hätte, und wie er das einmal formulierte: »Krieg ist wie Kino. Die besten Plätze sind möglichst weit hinten.«

Er begann also – dieses Element habe ich für *Gerron* übernommen –, sich im Lazarett nützlich zu machen, in der Hoffnung, dass man ihn deshalb noch ein wenig länger dort behalten würde. So wie er es erzählte, waren es in seinem Fall nicht die Bettpfannen, die ihm immer wieder eine Verlängerung seines Aufenthalts bescherten, sondern die Tatsache, dass er freiwillig eine Tätigkeit übernahm, vor der sich sowohl die Ärzte wie auch die Pfleger gern drückten. »Für Prostatauntersuchungen«, erklärte er mir, »muss man dem Patienten den Zeigfinger in den Hintern stecken, und das hat man gern jemand anderem überlassen, vor allem, weil es keine hygienischen Handschuhe mehr gab.« Er kenne sich deshalb mit Arschlöchern aus wie kein anderer, meinte er, und habe dank dieser unappetitlichen Beschäftigung die letzten Kriegsmonate überlebt, ohne noch mal hinauszumüssen. »Lieber ein Finger in einem fremden Arsch als eine Kugel im eigenen Kopf«, sagte er.

Ich weiß nicht, wie viel an dieser Geschichte stimmte und wie viel davon eine vom Aquavit beflügelte Münchhausiade war. Damals habe ich ihm jedes Wort geglaubt. Vielleicht hatte das auch damit zu tun, dass sich Heinz standhaft weigerte, seinen Schnaps allein zu trinken.

Aus den Jahren kurz vor und kurz nach Kriegsende wusste er so vieles zu erzählen, mein Freund Heinz. Allein schon die Geschichte seiner kleinen Amateurkapelle würde genügend Stoff für ein Filmdrehbuch abgeben. In der Nazizeit, als Swing als entartete Musikrichtung verboten war, mussten sie jedes Mal, wenn sich jemand ihrem Übungskeller näherte, blitzartig zu *Lili Marleen* hinüber modulieren. »Ich habe dieses Lied gehasst«, sagte Heinz. Aber als sie dann nach dem Krieg in einem Ami-Club auftraten und meinten, endlich nach Herzenslust losswingen zu dürfen, wurden sie dort von einem amerikanischen Unteroffizier Angeblafft. »*Stop that shit!*«, sagte der Sergeant. »*Play* Lili Marleen *for me!*«

Und da wäre auch noch die Geschichte vom Lügenbass …

Aber das hat ja nun wirklich nichts mehr mit »Sind Sie das?« zu tun.

*

Kurt Gerron, der gerade angefangen hat, Medizin zu studieren, wird ein zweites Mal zum Militär eingezogen, diesmal bei der Sanität. Da er sich für die ärztliche Praxis als zu ungeschickt erweist, wird er mit der Leitung eines Heims für invalide Soldaten betraut. Um seine Schützlinge, für die er als Mediziner nichts tun kann, wenigstens ein bisschen von ihrem Zustand abzulenken, veranstaltet er Unterhaltungsnachmittage, bei denen er auch selber auftritt.

Es war jeder zum Mitmachen aufgefordert, und wenn sich keiner mehr fand, der ein Lied singen oder ein Instrument spielen konnte, habe ich selber Gedichte vorgetragen, so rampensäuisch, wie ich schon in der Penne gewesen war. Nicht die Heldengedichte mit Wir lieben vereint, wir hassen vereint, *dafür hätten sie mich ausgepfiffen. Albernen Kram, den ich irgendwo aufgeschnappt und den mein Textgedächtnis gespeichert hatte.* Das ist der Lehrling Jacques Menasse, der Jüngling von der Portokasse. *Solche Sachen. Otto, der alles auftreiben konnte, besorgte mir* Das lustige Salzer-Buch, *und ich rezitierte mit Emphase die darin versammelten Albernheiten.*

Das lustige Salzer-Buch – es hieß tatsächlich so – stand im Bücherschrank meiner Großeltern, und an den endlosen, langweiligen Sabbat-Nachmittagen war es meine liebste Lektüre. Marcell Salzer (ja, mit zwei l) muss so eine Art Vorkriegs-Comedian gewesen sein. »Vortragskünstler« nannte man das wohl damals. Aus seinem Repertoire hatte er diese Textsammlung zusammengestellt, und in der Kaiser-Wilhelm-Zeit hat man seine Zuhörer mit solch harmlosem Humor bestimmt gut amüsieren können. Die meisten der verstaubten Pointen werde ich gar nicht verstanden haben, aber darum ging es mir auch gar nicht. Ich war einfach lesesüchtig, und dieses Buch war nicht ganz so langweilig wie seine Regalnachbarn.

In der Gewissheit, dass er dieses Versprechen nie würde einlösen müssen, versprach mir mein

Großvater einmal die für mich damals ungeheure Summe von fünf Franken, wenn ich es schaffen sollte, ein besonders langes Gedicht aus dem *Salzer-Buch* bis zum nächsten Sabbat auswendig zu lernen. Meine geizige Großmutter wird ihm deshalb die Hölle heißgemacht haben, denn nur schon, wenn er meinem Bruder und mir fünfzig Rappen für den Jahrmarkt schenken wollte, musste er sich, damit sie von dieser Verschwendung nichts mitbekam, für die Geldübergabe mit uns in seinem Büro einschließen.

Nein, falsch. Nicht im Büro natürlich, sondern viel vornehmer: im Bureau. So stand es an der Tür.

Im Fall des *Salzer-Buchs* machte ich das Unmögliche möglich und sagte eine Woche später das ganze Gedicht fehlerfrei auf. Ich kann es selber kaum glauben, aber das meiste davon weiß ich heute, mehr als sechs Jahrzehnte später, immer noch auswendig. Es war – was ich erst Jahre später kapierte – eine gequälte Parodie auf Schillers *Lied von der Glocke* und begann so: »Und drinnen waltet / die züchtige Hausfrau, / die Mutter der Kinder, / der Mädchen und Buben,/ und fegt durch die Stuben / schon morgens um zehne / und macht eine Szene / mit Schimpfen und Keifen / und furchtbarem Krachen / und schreit sich die Diphterie an den Rachen …«

Und so weiter und so weiter. Ich weiß nicht, was es über meinen Verstand aussagt, dass ich mir diesen unlustigen Quatsch bis heute gemerkt habe, während ich viel wichtigere Dinge schon längst vergessen habe. Fritz Kortner hatte wohl recht, als er mir einmal in seiner pointierten Art den Vorwurf machte: »Sie haben einen Adlerblick für das Unwesentliche!«

*

Nach dem Krieg bricht Kurt Gerron sein Studium ab, was seine Eltern sehr enttäuscht.

> *Mama freute sich schon lang darauf, endlich »Mein Sohn, der Herr Doktor« sagen zu können.*

Wie gut ich diesen Wunsch kenne! Meine Mutter pflegte ihn sogar in gesteigerter Form und verband ihn mit einer ganz konkreten Szene.

»Eines Tages« – sie hat mir diese Phantasie mehr als einmal geschildert – »klingelt bei mir das Telefon. Der Anrufer sagt: ›Kann ich bitte den Herrn Doktor Lewinsky sprechen?‹, und ich antworte: ›Welchen?‹«

Mein Bruder als doktorierter Psychologe hat

seinen Beitrag zur Erfüllung ihres Wunsches geleistet. Ich, als abgebrochener Theaterwissenschaftler, habe in dieser Hinsicht versagt.

*

Sein allererstes Engagement hat Kurt Gerron im Künstler-Café, einer Kleinbühne, auf der einmal in der Woche jeder auftreten durfte, der den Mut hatte, sich mit seiner dilettantischen Produktion vor ein Publikum zu stellen.

Honorar: fünf Mark.

Ich hatte mein allererstes Engagement am Stadttheater Luzern als Mädchen für alles und Assistent für jeden.

Honorar: dreihundertfünfzig Franken im Monat. Wovon man auch in den sechziger Jahren nicht wirklich leben konnte.

Ich war Regie- und Dramaturgieassistent, Beleuchter, Requisiteur und irgendwann dann auch Inspizient. Und wurde in dem einen Jahr meines Engagements dreimal fristlos entlassen. Der Intendant neigte zu Wutanfällen und sprach dann gern auch eine Entlassung aus. Ich war der Einzige im Ensemble, der ihn beim Wort nahm und sich nach einem solchen Rauswurf demonstrativ als nicht mehr hier beschäftigt betrachtete. Und ich arbeitete erst weiter, nachdem mir der Intendant die Gage erhöht hatte. Es ging ja schließlich jedes Mal um eine Neueinstellung.

Auftreten musste ich auch. Immer wenn mal wieder ein Stück auf dem Spielplan landete, in dem es mehr Rollen gab, als das doch recht kleine Ensemble Schauspieler hatte. Oder wenn eine Rolle so uninteressant war, dass nicht einmal die sonst zu allem entschlossenen Herren aus dem Extrachor sie übernehmen wollten.

Besonders extrem wurde das numerische Missverhältnis zwischen Rollen und Schauspielern, als einmal *Gottes General* von Franz Theodor Csokor auf dem Spielplan stand. Dieses Theaterstück über die Gründung des Jesuitenordens hat gefühlte hunderttausend Sprechrollen, alles Männer, und so wurden sämtliche Mitarbeiter des Hauses auf die Bühne geschickt, ob sie nun Schauspieler waren oder nicht. Selbst ich trat in drei verschiedenen Szenen (und drei verschiedenen Kostümen) auf, dabei hatte ich als Inspizient hinter der Bühne genug zu tun.

Irgendwann fiel ein Darsteller aus, und es war niemand mehr übrig, der seine Rolle hätte übernehmen können. Aber eine Lösung musste gefunden werden, und es fand sich eine Lösung. Wie es Direktor Striese im *Raub der Sabinerinnen* so schön formuliert: »Sehen Sie, das wird an einer Schmiere geleistet!« Im Ensemble gab es einen Schauspieler, »Heldenvater« nannte sich früher das Rollenfach, der sich nicht nur für einen großen Künstler, sondern auch für einen begnadeten Schauspiellehrer hielt. (Er hieß Theo Tecklenburg, wurde aber wegen seiner Gewohnheit, sämtliche Konsonanten überdeutlich auszusprechen, allgemein nur Epetheo Epetecklenburg genannt.) »Die fehlende Besetzung ist kein Problem«, sagte er, »ich habe da einen sehr begabten Schauspielschüler, dem bringe ich den einen Satz bei, und er spielt euch die Rolle wie nichts.«

Es ging um eine Szene, in der Ignatius von Loyola nacheinander mehrere Jünger bekehrt. Ich spielte einen dieser Jung-Jesuiten, und neben mir stand jener Schauspielschüler, der an diesem Tag zum ersten Mal vor Publikum einen Satz sagen sollte. Einen einzigen Satz.

Und dieser Satz fiel ihm ums Verrecken nicht ein.

Als er den Hänger bemerkte, wollte der Darsteller des Loyola einfach weitersprechen, wurde aber von dem Theaterneuling durch ein herrisches »Sch!« zum Schweigen gebracht. Das wiederholte sich noch zweimal, und dann …

Nein, auch dann konnte er sich vor lauter Lampenfieber nicht an seinen Text erinnern. Stattdessen passierte das, was ich dann viele Jahre später in *Gerron* habe passieren lassen:

> *Hing wie eine Glocke. Kam auch nicht auf den Gedanken zu improvisieren, was bei diesem Text keiner gemerkt hätte. Rang in seiner Verzweiflung nur immer heftiger die Hände. Als wolle er den richtigen Text mit Gewalt aus sich herausmelken.*
> *Und dann lief ihm ein gelbes Bächlein aus dem Hosenbein. Ich glaube nicht, dass außer mir jemand die kleine Pfütze neben seinem Schuh bemerkt hat. Und wenn, haben sie sie für Bier gehalten. Es war aber kein Bier.*

Ich schwöre es: Genau so ist es gewesen. Ich stand neben ihm und habe es mit eigenen Augen gesehen. Auf der Bühne des Stadttheaters Luzern im Jahre des Herrn 1965

*

Als ich in *Gerron* schildern wollte, wie man zu seiner Zeit bei der UFA Filme plante, habe ich mir, auch wenn es mir damals beim Schreiben nicht aufgefallen ist, die Arbeitsweise von Wolfgang Rademann zum Vorbild genommen.

Dann haben wir einen zweiten Zettel genommen und all die Dinge notiert, die unbedingt in dem Film vorkommen mussten. Das erste, was auf dieser Liste stand, war immer Liebe. Musik, natürlich. Schöne Landschaften, Tiere, Blumen. Und jedes Mal, dick unterstrichen: Happy End. Was die Leute eben so sehen wollen, wenn sie ins Kino gehen.

Bei Wolfgang ging es nicht um Kinofilme, sondern um Fernsehserien, aber das Prinzip war dasselbe. Die Zettel, die er aus seiner Jacketttasche zog, stammten immer aus den dünnen Papierblocks, die in Hotelzimmern für die Gäste bereitliegen. Und in Hotels lebte er genug, denn vor allem wenn es bei uns winterlich wurde, drehte er am liebsten unter Palmen.

Er hätte sich für die Listen, die er permanent schrieb, natürlich auch ein eigenes Notizheft anschaffen können, aber dafür war er – auch wenn die von ihm produzierten Sendungen Millionenbudgets hatten – viel zu sparsam. Und war doch der großzügigste Mensch der Welt, wenn es darum ging, anderen Leuten zu helfen oder ihnen eine Freude zu machen.

Wenn er die erste Fassung eines Drehbuchs las, führte er dabei auf seinen Zetteln Strichlisten. Sie waren so typisch für ihn, dass ich in einem Geburtstagsgedicht für ihn einmal geschrieben habe:

Weißt du, mit wem ich dich vergleiche?
Odysseus ist's, der listenreiche.
Weil du im Falle eines Falles
stets eine Liste hast für alles.

Hinterher sagte er dann zu mir: »Die Pointe mit dem Odysseus habe ich nicht verstanden.« Mit der klassischen Bildung hatte er es nicht so. Wenn die Zeilen in einem Drehbuch vorgekommen wären, er hätte sie bestimmt umschreiben lassen.

So, wie man seine Drehbücher umschreiben musste, wenn ein Detail auf einer seiner Strichlisten nicht genügend Punkte erreicht hatte. Man traf sich mit ihm in seinem »Büro« im Kempinski, er studierte noch einmal seine Zettel und gab dann sein Verdikt bekannt. »Lachen ist genug drin«, sagte er vielleicht, »aber beim Weinen musst du noch ein bisschen draufpacken. Tiere ist gut, Kinder ist gut, Landschaft ist noch zu wenig.« Und dann setzte man sich wieder an den Schreibtisch und schrieb um.

Die Serienepisoden, die auf diese Weise entstanden, waren weiß Gott keine Kunstwerke. Aber sie funktionierten und produzierten die gewünschten Einschaltquoten. Und nur darauf kam es Wolfgang an. Wie es der RTL-Programmchef Helmut Thoma einmal so endgültig formuliert hat: »Der Wurm muss dem Fisch schmecken, nicht dem Angler.«

Oder wie ich damals in diesem Geburtstagsgedicht schrieb:

Was soll der Literaten-Scheiß?
Du willst ja nicht den Grimme-Preis.

*

Manchmal genügt ein einzelner Satz, um mir ganz viele persönliche Bilder ins Gedächtnis zurückzurufen. Manchmal genügen sogar drei Wörter.

Salon musste sein.

Meine Großmutter war als höhere Tochter aufgewachsen, und gesellschaftliche Äußerlichkeiten gingen ihr über alles. Auch als das Bankkonto geschrumpft und mein Großvater schon längst nicht mehr der Herr Direktor eines eigenen Fabrikleins war, sondern als Hosenträgervertreter von Stadt zu Stadt tingeln musste, auch da versuchte sie immer noch die Dame der besseren Gesellschaft zu markieren. Und zu den Requisiten dieser Rolle gehörte es, in seiner Wohnung einen Salon zu haben. Salon musste sein.

Dabei war ihre Wohnung viel zu klein für solchen

Luxus und wirkte noch kleiner, weil überall diese überdimensionierten Möbelstücke standen, die sie 1914 bei der übereilten Rückkehr in die Schweiz aus Berlin mitgebracht hatte. (Mein Großvater, ein lebenslanger Meister wirtschaftlicher Fehlgriffe, hatte ausgerechnet das Jahr vor Ausbruch des Weltkrieges gewählt, um dort eine Firma zu gründen.)

Der Salon erfüllte keinen praktischen Zweck. Er war dazu bestimmt, auf würdige Weise Besuch zu empfangen, und würdige Besucher, denen man diese Ehre angedeihen lassen konnte, gab es eigentlich nie. Nur die Familie kam regelmäßig vorbei, und die musste man nicht beeindrucken. Aber Salon musste sein.

Meine Großmutter konnte sich nie damit abfinden, dass sie spätestens nach der Weltwirtschaftskrise ein paar gesellschaftliche Rangstufen tiefer gerutscht war. Als kleiner Junge ging ich einmal an ihrer Hand durch die Löwenstraße, sie wies auf ein Gebäude auf der anderen Straßenseite und sagte: »Auch dieses Haus würde uns gehören.« Und fügte hinzu: »Aber dein Großvater musste ja bürgen!« Sie sagte es in einem so vorwurfsvollen Ton und betonte das »dein« so heftig, dass ich mich ganz schuldig fühlte. Ich kann mich an das ungute Gefühl noch genau erinnern.

Wenn man auch nicht mehr wohlhabend war,

konnte man sich doch so benehmen, wie es sich ihrer Meinung nach für wohlhabende Leute gehörte, und das bedeutete: Salon musste sein.

Er war durch eine Schiebetüre, die immer offen stand, vom Esszimmer abgetrennt und enthielt ein Sofa, ein kleines Eckmöbel und den verschlossenen Bücherschrank. Als großbürgerliches Attribut stand darauf eine kleine Kopie der Reiterstatue von Bartolomeo Colleoni aus Venedig. Das Vorderteil des Marmorsockels war schlecht angeleimt, es ließ sich bewegen, und in der Öffnung dahinter war der Schlüssel zum Bücherschrank versteckt, eine Geheiminformation, die mein Bruder und ich weidlich ausnutzten. Das Sofa hatte einen hässlichen graugemusterten Bezug, und in meiner Erinnerung habe ich dort nur ein einziges Mal jemanden sitzen sehen: am fünfundachtzigsten Geburtstag meiner Urgroßmutter. Die wohnte nämlich auch in der engen Wohnung; als Mädchen hatte sich meine Mutter das Schlafzimmer mit ihr teilen müssen. Denn: Salon musste sein.

Und das alles kommt mir nur wieder in den Sinn, weil in *Gerron* diese drei Worte stehen.

*

Ich habe in *Gerron* nicht viel Persönliches gefunden. Nicht viel für so ein dickes Buch. Ich vermute, es liegt daran, dass ich für dieses Projekt so viel recherchiert und mich so stark in die Welt, die ich beschreiben wollte, hineingelebt hatte. Als das Schweizer Fernsehen mit mir in Theresienstadt eine Reportage drehte, konnte ich für das Kamerateam den Reiseführer spielen, ohne vorher ein einziges Mal dort gewesen zu sein. Man kann auch Stadtpläne lernen.

Während ich an dem Buch arbeitete, war in meinem Kopf eine andere Welt. Da war Theresienstadt, und da war die *Joodsche Schouwburg*. Da waren die Schlachtfelder in Flandern und die Filmstudios der UFA. Für eigene Erinnerungen blieb da nicht viel Platz.

Sind Sie das? In *Gerron* sind es vor allem meine Figuren.

Kastelau
2014

Die Geschichte von der Filmequipe, die sich in den letzten Monaten des Zweiten Weltkriegs in ein bayerisches Bergdorf absetzt, ist eigentlich ein Nebenprodukt von *Gerron*. Da dessen Titelfigur Filme gedreht hat, habe ich mich in der Vorbereitung intensiv mit der Geschichte der UFA beschäftigt und bin dabei auch auf ein Tagebuch von Erich Kästner gestoßen, in dem er so eine Absetzbewegung beschreibt. Trotz Schreibverbot war er selber als Drehbuchautor mit dabei.

Die Episode hat mich nicht mehr losgelassen, hat sich in meinem Kopf eingenistet und mich an nichts anderes denken lassen. Es war wie eine Art von Besessenheit oder, um es weniger geschwollen auszudrücken: wie ein Ohrwurm, den man, ohne es zu wollen, immer wieder vor sich hin trällert, obwohl man sich damit selber schon genau so auf die Nerven geht wie seinen Mitmenschen. Mit der Figur von Kurt Gerron war es mir ähnlich ergangen, und ich wusste, dass es nur eine Methode gab, um so einen Kreativ-Dibbuk wieder auszutreiben: Ich musste die Geschichte zu Ende denken. Für einen Schriftsteller bedeutet das: Ich musste sie schreiben. Wenn ich ein Manuskript abgeschlossen habe, bin ich auch seine Figuren los.

Im Nachhinein kann ich mich nicht mehr erinnern, wie ich auf der Suche nach der richtigen Form auf den Gedanken kam, das Geschehen in der Form erfundener Dokumente darzustellen. Aber das Spiel mit verschiedenen Sprachstilen hat mich schon immer gereizt, und hier konnte ich meiner Freude am Mimikry einmal so richtig nachgeben. Es macht mir einfach Spaß, mich beim Schreiben gewissermaßen zu verkleiden oder mich als Autor sogar ganz zum Verschwinden zu bringen. (Als ich für den Travestiekünstler Mary arbeitete, habe ich mich immer am meisten gefreut, wenn die Zuschauer meine geschriebenen Pointen für spontane Improvisationen der Bühnenfigur hielten.) Manchmal denke ich, dass sich ein Schriftsteller selber sehr wichtig nehmen muss, wenn er allem, was er zu Papier bringt, seinen persönlichen Sprachstempel aufdrückt.

Von allen meinen Büchern ist *Kastelau* wohl dasjenige, das sich für eine Verfilmung am meisten anbieten würde. Schade, dass es sich nie ergeben hat.

*

Eine der lustigsten Geschichten im Zusammenhang mit *Kastelau* hat mit einer Fußnote zu tun. Ich behaupte in diesem Buch, sämtliche Dokumente, aus denen die Geschichte zusammengestückelt ist, stammten aus einem Archiv in Los Angeles, und für diesen Fundort habe ich folgende Adresse angegeben:

> *Einzusehen im Film & Television Archive der* UCLA *(302 East Melnitz, Box 951323, Los Angeles,* CA *90095, http://www.cinema.ucla.edu), Konvolut Saunders Estate P.*

Diese Anmerkung enthält eine der wenigen wahren Informationen in *Kastelau:* Das Filminstitut der UCLA hat seinen Standort tatsächlich an dieser Anschrift. Und ausgerechnet diese Information wurde von vielen Kritikern bezweifelt.

Schon im allerersten Interview, das ich nach Erscheinen des Buches geben musste, signalisierte mir die Journalistin augenzwinkernd, sie habe meinen kleinen Insiderscherz wohl verstanden. »East Melnitz, hahaha. Womit Sie ganz geschickt einen kleinen Hinweis auf Ihren Erfolgsroman platziert haben.«

Auch wenn sie es mir nicht glauben wollte: Es war kein Insiderscherz. Ich musste sie schließlich vor ihren Computer schleppen und sie die Adresse auf dem Stadtplan von Los Angeles nachsehen lassen. Falls es Google Maps immer noch gibt, wenn ihr dieses Buch lest, liebe Enkel: Einfach *Melnitz Hall* eingeben.

Dass sich dieses Archiv tatsächlich an einer Straße namens East Melnitz befindet, ist reiner Zufall. Oder eigentlich doch kein Zufall. Es gibt da nämlich einen Zusammenhang, der sehr viel mit meiner Familiengeschichte zu tun hat.

Jener Kurt Chmelnitzki, der ein entfernter Verwandter der Lewinskys gewesen sein muss, wenn ich auch nicht genau weiß, an welchen Ast unseres Stammbaums er hingehört, jener Kurt Melnitz, von dessen warnendem Besuch in Leipzig mir meine Oma erzählte, jener Curtis Melnitz, der bei *United Artists* ein großes Tier war, jener sagenhafte und doch sehr reale Mensch hatte nämlich einen Neffen. Der hieß Wilhelm Melnitz und war Dramaturg bei Max Reinhardt. Vielleicht hat er jenen Vertrag vermittelt, von dessen Unterzeichnung sich immer noch ein Bild im Internet findet.

Nach der Machtübernahme der Nazis beschloss dieser Neffe, ebenfalls in die USA auszuwandern, und sein offenbar recht einflussreicher Onkel beschaffte ihm das dafür notwendige Affidavit. Mit den Jahren wurde aus Wilhelm William und aus dem deutschen Schauspiel-Dramaturgen der erste amerikanische Professor für Filmwissenschaften. Das Institut, in dessen Archiv ich meine fiktiven Dokumente eingeschmuggelt habe, war seine Gründung, und deshalb sind sowohl das Gebäude wie auch die Straße, an der es liegt, nach ihm benannt.

Der Namensgeber der Straße in meiner Fußnote und der Mann, der mich zur Titelfigur eines anderen Romans inspirierte, waren also im wirklichen Leben Neffe und Onkel. Wenn mir beim Erfinden einer Geschichte ein solcher Zusammenhang einfiele, ich würde die Idee sofort verwerfen. Viel zu weit hergeholt. Die Wirklichkeit ist manchmal schon sehr unglaubwürdig.

*

Für die Figur des Drehbuchautors, der Schreibverbot hat und deshalb nur unter Pseudonym arbeiten kann, diente natürlich Erich Kästner als Vorbild. Allerdings nur für die Funktion, nicht für seine Persönlichkeit. Allzu direkt darf man sich bei der Natur nicht bedienen.

Ich hatte viel Spaß dabei, für meinen Schriftsteller Werner Wagenknecht eine ganze Biographie in der Form eines Wikipedia-Eintrags zu erfinden. Zu dem natürlich auch eine ausführliche Werkliste gehörte. In der hieß es unter anderem:

> *Wagenknecht war nun in der Lage, sich ganz der Schriftstellerei zu widmen. Es gelang ihm aber zunächst nicht, mit weiteren Werken an den Erfolg seines Erstlings anzuknüpfen. Der sehr persönliche Erinnerungsband* Zu zweit allein *wurde zwar von der Kritik wohlwollend besprochen, erreichte aber keine hohe Auflage.*

Mit *Zu zweit allein* habe ich mich selber zitiert. Auf der Festplatte meines Computers findet sich nämlich immer noch die Pilotsendung zu einer Fernsehserie mit dem Titel *Allein zu dritt*. Ich weiß nicht mehr genau, um was es darin ging – irgendetwas mit drei Menschen in einer Wohngemeinschaft –, und ich kann mich auch nicht dazu aufraffen, das alte Manuskript noch einmal durchzulesen. Aber der Moment, in dem das ganze Projekt in der Rubrik *Nicht realisierte Drehbücher* verschwand, ist mir unvergesslich.

Eigentlich wäre damals schon alles fix gewesen, das Buch für die Pilotsendung mit lobenden Worten abgenommen und die Exposés für sämtliche Episoden der Serie abgehakt. Ein Millionenauftrag, wie er jeden Produzenten glücklich macht. Wahrscheinlich entwarf der schon heimlich Baupläne für das Häuschen, das er sich mit seinem Gewinn bauen wollte.

Dann wurden wir beide, der Produzent und ich, zu einer Besprechung in den Sender bestellt. Wir nahmen an, dass es dabei um die Besetzung der Hauptrollen gehen würde, und kamen entsprechend vorbereitet. Es ging dann aber um etwas anderes.

Der Abteilungsleiter, der die Geschichte von Anfang an mit uns entwickelt hatte, machte zuerst den üblichen Smalltalk und erklärte uns dann, dass er das Projekt wegen Arbeitsüberlastung leider, leider nicht mehr persönlich betreuen könne. Er habe es deshalb an seinen besten Mitarbeiter delegiert, mit dem wir zweifellos genauso gut zusammenarbeiten würden wie mit ihm.

Und damit erteilte er diesem Redakteur das Wort.

Ja, sagte der, er habe nun mein Drehbuch gelesen und müsse leider feststellen, dass er nicht wirklich glücklich damit sei. »Es liegt an den Dialogen, die Sie geschrieben haben«, sagte er zu mir. »Ich konnte bei der Lektüre nie unterscheiden, wer gerade das Wort hatte. Bei Ihnen klingen alle Figuren gleich.«

Wenn einem jemand so etwas zu einem bereits mehrfach überarbeiteten und vom Sender abgenommenen Drehbuch sagt, dann ist einem etwas völlig klar: Mit diesem Partner wird es keine angenehme Zusammenarbeit geben.

Ich weiß nicht mehr, ob ich in diesem Moment an Heinz Gietz und seine Philosophie des Arschlochgeldes gedacht habe, aber ich kann mich noch gut an das Gefühl erinnern, neben mir zu stehen und mir meine Antwort anzuhören, als ob sie gar nichts mit mir zu tun hätte.

»Es gibt nur zwei Möglichkeiten«, hörte ich mich sagen. »Entweder ich weiß nicht, wie man Drehbücher schreibt, oder Sie wissen nicht, wie man Drehbücher liest. Beides scheint mir keine gute Voraussetzung für eine Serie zu sein. Ich bin raus aus dem Projekt.«

Der Produzent, dem gerade sein Großauftrag durch die Finger rutschte, schnappte neben mir nach Luft. Und *Allein zu dritt* wurde dann auch nie gedreht.

Viel später habe ich den Grund für den plötzlichen Betreuungswechsel erfahren. Man hatte in dieser Abteilung zu optimistisch geplant und das ganze Budget des nächsten Jahres schon ausgegeben. Unsere bereits zugesagte Produktion musste also hinausgeschoben werden, und das ging am besten, wenn man so lang immer neue Einwände gegen die Drehbücher machte, bis wieder Geld für die Produktion da war.

Oder bis der Autor ein Magengeschwür bekam. *Whatever comes first.*

Ich bin um das Geschwür herumgekommen. Beim Produzenten bin ich mir in dem Punkt nicht so sicher. Und zumindest den Titel des nie realisierten Manuskripts habe ich leicht verändert noch einmal verwenden können. *Zu zweit allein* statt *Allein zu dritt.*

*

Der Mann war berühmt für seine Überstunden. Manchmal machte er die ganze Nacht durch, und am nächsten Morgen … Saß in der Kantine, frisch wie aus dem Urlaub. Machte sich über die Leute lustig, die vor Dienstbeginn erst mal einen Kaffee brauchten, um auf Touren zu kommen. Oder was man damals unter dem Namen Kaffee … Es hieß, dass er sich mit diesem Pilotentrunk aufputschte, mit dem auch die Flieger … Glaub ich aber nicht. Der Kleinpeter war einfach so. Ein Steher.

Dass jemand, der auch nach einem langen Arbeitstag immer noch konzentriert bei der Sache ist, »Steher« genannt wird, stammt nicht aus meinem eigenen Wortschatz. Ich habe den Begriff aus dem Vokabular von Wolfgang Rademann übernommen. Er hat ihn mal für mich gebraucht, obwohl ich diesen Ehrentitel gar nicht verdient hatte. Ich hatte geblufft. Aber ein bisschen Show gehört nun mal zum Showbusiness.

Die Geschichte geht so: Als es darum ging, Schauplätze für die Serie *Florida Lady* zu suchen – er war der Produzent, und ich schrieb die Drehbücher –, flogen wir zwei zusammen nach Orlando. Ich weiß noch, wie sehr es mich beeindruckte, dass er während des ganzen langen Fluges nicht ein einziges Mal zum Pinkeln aufstehen musste. Er saß nur da und las konzentriert den Riesenpacken Zeitungen und Zeitschriften weg, die er mit meiner Hilfe als Handgepäck in den Flieger geschleppt hatte.

Als wir ausstiegen – ich werde das Gefühl nie vergessen –, war die Luft so feucht und warm, als ob uns jemand nach einem Saunagang sein Handtuch ins Gesicht geklatscht hätte. In Orlando war es erst acht Uhr abends, aber mein immer noch auf europäische Winterzeit eingestellter innerer Zeitmesser zeigte zwei Uhr früh. Ich war deshalb todmüde und hätte mich im Hotel am liebsten gleich hingelegt. Aber Wolfgang bestand darauf, dass wir erst noch zusammen essen gingen.

Von zahllosen Reisen quer durch alle Zeitzonen gestählt, zeigte er erst zwei Stunden später erste Anzeichen von Müdigkeit. (»Mein Kreislauf hat jeden Widerstand aufgegeben«, sagte er gern, »deshalb leide ich nie unter Jetlag.«) Der kleine Zeiger meiner inneren Uhr zeigte schon auf die Vier, als er endlich sagte: »Jetzt könnten wir eigentlich schlafen gehen.«

Ich weiß nicht, was mich damals auf die Idee brachte, vielleicht war es einfach mein angeborener Widerspruchsgeist. Obwohl ich mich vor Müdigkeit kaum mehr auf den Beinen halten konnte, tat ich so, als ob ich Schlafen für eine völlig unnötige Beschäftigung hielte. Stattdessen, schlug ich vor, könnten wir uns doch lieber noch eine Show ansehen – »wenn wir schon in Orlando sind«.

Wolfgang nickte anerkennend und sagte: »Junge, du bist ein Steher.« Was bei ihm die Aufnahme in einen sehr exklusiven Club bedeutete.

Wir sind dann zum Glück doch ins Hotel zurückgegangen. Zehn Minuten länger, und ich wäre umgekippt.

*

Als die Filmequipe sich ins Dörfchen Kastelau gerettet hat, wird sie dort für die Inszenierung einer Wintersonnwendfeier eingesetzt. Der Schriftsteller Wagenknecht soll das Festspiel verfassen, darf aber nur Einfälle haben, für die auch die entsprechenden Kostüme zur Verfügung stehen.

Ich lasse die Schauspieler als historische Figuren auftreten. Da können wir die Kostüme verwenden, die für den Film nicht brauchbar waren. Maria Maar als mittelalterliche Fürstin, Augustin Schramm als Herold, Titi kriegt eine Krinoline, und Walter Arnold ... Eine Landsknechtsuniform wäre noch da, aber dafür ist er der falsche Typ. Zu wenig Kraftbolzen. Schade, dass der Gestiefelte Kater nicht vorkommen darf. Ein enges Trikot und Lederstiefel, das würde ihm bestimmt gefallen.

Wenn man den Theatergerüchten von damals Glauben schenken durfte, hatte ich es genau diesem Kostümwunsch zu verdanken, dass zum ersten Mal ein Stück von mir auf den Spielplan einer professionellen Bühne kam. Ich war damals gerade mal neunzehn Jahre alt.

Und das kam so: Ich hatte mein allererstes Engagement am Stadttheater Luzern angetreten, als dort entschieden wurde, als nächstes Weihnachtsmärchen solle *Der gestiefelte Kater* zur Aufführung kommen. In den Garderoben wurde hinter vorgehaltener Hand gemunkelt, der Intendant habe nur deshalb gerade diese Geschichte aus *Grimms Märchen* herausgepickt, weil er einen von ihm besonders geschätzten jungen Schauspieler gern einmal in Trikot und Lederstiefeln sehen wolle.

Ob es diesen Zusammenhang tatsächlich gab, weiß ich nicht. Aber ich weiß noch sehr genau, wie sich in der Dramaturgie die Stücktexte stapelten, denn damals hatte fast jeder Verlag für sämtliche beliebten Märchen eine Bühnenfassung anzubieten. Der Dramaturg, dem ich Neuling als bescheidener Hilfsassistent zugeteilt war, sollte sie alle lesen, eine Aufgabe, die ihn nicht sehr begeisterte. Und jetzt kam auch noch dieser Lewinsky an und wollte den Stapel noch größer machen.

Ich habe nämlich – rein zufällig natürlich – auch einmal eine Fassung des *Gestiefelten Katers* geschrieben, sagte ich, und ob er wohl so nett wäre, die in seine Überlegungen miteinzubeziehen. Was recht mutig oder, genauer gesagt: stinkfrech von mir war, weil ein solcher Stücktext überhaupt nicht existierte. Erst als mir der Dramaturg versprochen hatte, auch meinen Vorschlag zu lesen, ging ich nach Hause und machte mich an die Arbeit.

In meiner Erinnerung brauchte ich drei Tage für

meinen *Gestiefelten Kater*, aber es mag auch eine ganze Woche gewesen sein. Das Gedächtnis neigt zu Übertreibungen. Sehr schnell ging es auf jeden Fall, und als ich das Manuskript ablieferte, wird es jede Menge Tippfehler enthalten haben.

(Es gab einmal eine Zeit, liebe Enkel, als man seine Texte nicht am Computer schrieb, weil es nämlich noch keine Computer gab. Und fragt mich jetzt bitte nicht, wie wir denn damals ins Internet gekommen sind!)

Tippfehler hin oder her – meine Bühnenfassung wurde auserwählt! Ich habe erst im Nachhinein realisiert, dass die Entscheidung für mein Meisterwerk weniger mit dessen Qualität zu tun hatte als mit der Tatsache, dass man mir als unerfahrenem Anfänger bedeutend weniger Tantiemen bezahlen musste, als sie die großen Theaterverlage verlangt hätten. Es wäre mir auch egal gewesen. Um meinen Namen auf einem richtigen Theaterplakat gedruckt zu sehen, hätte ich von meinem Minigehalt auch noch freiwillig etwas dazugelegt.

Mein *Kater* liegt noch irgendwo unter alten Manuskripten, und ich werde mich hüten, ihn dort herauszusuchen. Ich will mir die Erinnerung an meinen ersten Theatererfolg nicht durch die Tatsache verderben lassen, dass ich damals ganz bestimmt eine Pfuscharbeit abgeliefert habe.

Viel lieber erinnere ich mich an den einen Moment, in dem ich realisierte, welche Magie ein Theaterstück auf seine Zuschauer ausüben kann. Nach den Vorstellungen treib ich mich gern vor dem Theater herum, in der Hoffnung, den einen oder anderen positiven Kommentar aufzuschnappen. (Autoren sind in diesem Punkt wie Schauspieler: jederzeit bereit, gelobt zu werden.)

Ein kleines Mädchen zog seine Mutter ganz aufgeregt auf die Straße hinaus, schaute auf den Bühnenturm und sagte dann enttäuscht: »Er streckt ja gar nicht den Kopf hinaus!«

Ich hatte nämlich den Einfall gehabt, in der Szene, wo der Kater dem Riesen begegnet, nicht einfach einen großgewachsenen Schauspieler auf die Bühne zu schicken, sondern stattdessen zwei lange Beine aus dem Schnürboden hängen zu lassen und zu behaupten, der Riese sei so groß, dass er in seinem eigenen Haus keinen Platz habe und seinen Kopf oben aus dem Dach strecken müsse. Dieses Bild hatte sich im Kopf der kleinen Zuschauerin so festgesetzt, dass sie diesen herausgestreckten Kopf mit eigenen Augen sehen wollte. Direkter habe ich nie wieder erfahren, welche Macht das geschriebene Wort haben kann.

Von der Inszenierung meines ersten Stückes weiß ich nichts mehr. Ich kann nicht einmal mehr sagen, ob der junge Schauspieler in Trikot und Lederstiefeln auch tatsächlich gut aussah.

*

Aber er war auch ein Bauer, und Bauern sind Leute, die vorausdenken. Wenn so einer einen Baum pflanzt, dann hat er heute schon überlegt, ob der ihm in zwanzig Jahren nicht zu viel Schatten …

Sind Sie das? Ja, das bin ich.

Oder genauer gesagt: Das ist mein Nachbar zur Linken in Vereux. Gleich auf der anderen Seite des kleinen Wegs, den die Gemeinde verbreitern dürfte, wenn das Mäuerchen rund um mein Grundstück einmal einstürzen sollte. Weil dieser Weg nämlich eine Zufahrt zur Mühle darstellt. Okay, die Mühle ist schon seit achtzig Jahren abgebrannt (oder der Versicherung wegen »warm abgerissen worden«, wie man im Dorf vermutet), aber das Ausbaurecht der Gemeinde steht immer noch so im Grundbuch. Auf dem Land entwickeln sich die Dinge langsamer.

Auch die Gemeinheiten.

Der Satz über den vorausdenkenden Bauern, der beim Pflanzen eines Baumes schon den Schatten berechnet, den er einmal werfen wird, ist mir beim Schreiben nur eingefallen, weil in Vereux ein genau so vorausbedachter Baum gepflanzt wurde. Allerdings nicht mit der Angst, er könne einmal zu viel Schatten werfen, sondern mit der Befürchtung, es könne zu wenig sein.

Mein Nachbar auf der anderen Seite des kleinen Weges hatte, weil er ein zugezogener Engländer war, die unausgesprochenen Spielregeln eines kleinen Dorfes nicht richtig verstanden. Als der Mann, dem die Obstbäume auf dem Grundstück nebenan gehörten, auf dem Weg dorthin einmal die Abkürzung durch seinen Garten benutzte, schiss er ihn deswegen zusammen. Ein schwerer Verstoß gegen die Dorfetikette.

Der Gemaßregelte schimpfte nicht zurück – auch das hätte gegen die Regeln des dörflichen Zusammenlebens verstoßen –, sondern pflanzte einen Baum. Ein kleines, niedliches Bäumchen. Und wartete dann ein Jahrzehnt, bis seine Stunde gekommen war.

Der Baum wuchs und wuchs und wuchs, und irgendwann sagte der Engländer zu dem Mann mit dem Obstgarten: »Könnten Sie Ihren Baum bitte ein bisschen zurückschneiden? Ich kann wegen ihm von meiner Terrasse nicht mehr auf den Fluss sehen.«

Und bekam die zehn Jahre lang vorbereitete Antwort: »Wenn ich nicht durch deinen Garten gehen darf, musst du auch nicht auf den Fluss sehen.«

Ja, Bauern sind vorausdenkende Leute.

*

Es ist seltsam, wie ungenau man sich an die eigenen Arbeiten erinnert. Es ist noch gar nicht so lang her, dass ich *Kastelau* geschrieben habe, aber beim Wiederlesen ist es mir vorgekommen wie das Buch von jemand anderem. Jemand anderes, der mir sympathisch ist, weil er mich – zumindest habe ich das so empfunden – mit seinem Buch nie gelangweilt hat.

Aber sehr viel über den Autor habe ich dabei nicht erfahren.

Andersen
2016

Dass ich mit der Arbeit an einem Buch beginne, ohne genau zu wissen, wo mich die Geschichte hinführen wird – das ist für mich eine ganz normale Arbeitsweise. Aber nie war dieses Gefühl einer Expedition ins Unbekannte bei mir so ausgeprägt wie bei *Andersen.* Ich wusste nicht einmal, was für eine Art Buch es werden sollte.

Wenn ich es gewusst hätte – ich glaube, ich hätte versucht, mich vor dem Projekt zu drücken und mit dem Schreiben überhaupt nicht anzufangen. Eine Ausrede, warum ein anderes Projekt gerade jetzt sehr viel dringlicher ist, findet sich immer. Ich wusste aber nicht, was auf mich zukam, also habe ich einfach angefangen. Es war ein Entschluss, den ich im Lauf der Arbeit mehr als einmal bereut habe.

Meine Hauptfigur hat mich nämlich immer wieder gezwungen, mich in Situationen hineinzudenken, die ich mir lieber nicht so genau angesehen hätte. Und beim Schreiben ist nicht das Formulieren die wichtigste Arbeit, sondern der langwierige Prozess, sich die Dinge so exakt vorzustellen – die deutsche Sprache sagt es exakt: Man stellt sie vor sich hin –, bis sie vor dem inneren Auge ihre eigene Wirklichkeit bekommen haben. Erst dann kann man sie beschreiben. Ein amerikanischer Kollege hat für diesen Arbeitsschritt einmal ein sehr passendes Bild gefunden: »Es ist ganz einfach. Du musst dich nur hinsetzen und mit Denken beginnen. Und so lang immer weiterdenken, bis deine Stirne anfängt zu bluten.«

Sich etwas auszudenken kann eine schmerzvolle Tätigkeit sein, und bei *Andersen* war sie es ganz besonders. Aber unterdessen war auch er zu einem Dibbuk geworden, zu einem Incubus, den ich nur bannen konnte, indem ich die Geschichte zu Ende erfand.

Am Anfang – und auch das ist mir bei keinem anderen Buch so ergangen – war da nur diese Figur. Ich weiß nicht, wie sie sich in meinen Kopf eingeschlichen hat, aber von einem Tag auf den anderen war sie plötzlich da, fertig ausgewachsen.

Wobei »ausgewachsen« in diesem Fall das falschestmögliche Wort ist. Denn dieser Andersen war ein Fötus. Noch nicht einmal geboren und trotzdem schon mit einer unerfreulichen Vergangenheit. Ein Wiedergeborener, der seine letzte

Existenz nicht vergessen hatte. Der noch ganz genau wusste, wer er einmal gewesen war und was für Untaten er in seinem letzten Leben begangen hatte. Das war alles, was ich über ihn wusste. Es war mehr als genug.

So fing es an.

Ich will bei dieser Spurensuche nicht übertreiben oder doch nicht mehr als nötig. Ich war natürlich nicht einfach das Opfer einer Figur, die mich gegen meinen Willen gezwungen hat, ihre Geschichte zu erfinden. Auf meiner Seite war auch eine große Portion Neugier mit im Spiel. Ich konnte mir nicht vorstellen, wie sich so eine Gestalt verhalten würde, wenn sie dann einmal zur Welt gekommen war, und weil ich es mir nicht vorstellen konnte, wollte ich es mir ausdenken.

Wenn ich den letzten Satz noch einmal lese, scheint mir, dass ich den Mechanismus damit nicht gut erklärt habe. Das liegt daran, dass ich ihn selber nicht ganz verstehe. Allzu viel will ich auch gar nicht darüber nachdenken.

Im Warenhandel spricht man vom Unique Selling Point, von jenem Alleinstellungsmerkmal, das Konsumenten neugierig macht. Auch Bücher brauchen so etwas Ähnliches, wenn sie eine Chance haben wollen, sich in der Flut der Neuerscheinungen an die Oberfläche zu kämpfen. Ein Roman, dessen Geschichte aus dem Blickwinkel eines Fötus erzählt wird, schien mir, hat diesen USP. So etwas Verrücktes war bestimmt noch nie einem anderen Autor eingefallen. Dachte ich.

Und dann erschien im gleichen Jahr der Roman *Nutshell* von Ian McEwan und hatte die genau gleiche Erzählperspektive. Wenn ich damals schon bei Diogenes publiziert hätte, wären unsere Bücher sogar im selben Verlag erschienen.

Wenn ich mich jetzt daran mache, *Andersen* wiederzulesen, verspüre ich ein ängstliches Gefühl. Die Geschichte ist so rabenschwarz, dass ich darin am liebsten gar nichts Persönliches entdecken würde.

*

Und schon bin ich zum ersten Mal fündig geworden. In einer Schulerinnerung.

> *Die entscheidenden Dinge müssen ganz automatisch kommen. »Wenn ich euch mitten in der Nacht aufwecke«, hat Beutlin gesagt, »müsst ihr mir den binomischen Lehrsatz aufsagen können.« Wir haben ihn ausgelacht, wie wir ihn immer ausgelacht haben, aber er hatte recht.*

Der Mann, der von der Bedeutung des binomischen Lehrsatzes so überzeugt war, dass er dafür sogar nächtliche Überfälle riskiert hätte, war unser Mathematiklehrer am Gymnasium in Luzern. (Nicht derselbe, der mich mit seinen mündlichen schriftlichen Prüfungen gequält hatte.) Wir nannten ihn »Mäppli«, obwohl ich in meinem Gedächtnis in Verbindung mit ihm keine Erinnerung finde, in der eine Mappe vorkommt.

Mit diesem Lehrer verbindet sich für mich ein Ereignis, das mir heute so komisch vorkommt, wie mir die Situation damals peinlich war. In einer Mathe-Stunde stand Mäppli nämlich einmal plötzlich vor meiner Bank und entschuldigte sich wortreich bei mir, es tue ihm wirklich leid und er habe es nicht so gemeint. Das Dumme war nur: Ich hatte keine Ahnung, wofür er sich entschuldigte.

Da ich wieder einmal herumgeschwatzt hatte, statt ihm zuzuhören, nahm ich an, dass seine Worte ironisch zu verstehen seien, dass sein »Es tut mir leid, Lewinsky« ein sarkastisches »Es tut mir leid, wenn ich deine Privatgespräche störe« sein sollte.

Es ging aber um etwas ganz anderes; meine Mitschüler haben es mir in der nächsten Pause erklärt.

Ich war wieder einmal nicht der Einzige gewesen, der sich während des Unterrichts mit seinem Banknachbarn unterhalten hatte, und es muss in der Klasse sehr unruhig geworden sein. Weshalb Mäppli der Satz herausgerutscht war: »Das ist ja hier ein Krach wie in einer Judenschule.«

Weil er ein sehr korrekter Mensch war, hatte er befürchtet, die Formulierung könne ihm als antisemitisch ausgelegt werden, und hatte sich deshalb beim einzigen jüdischen Schüler in der Klasse entschuldigen wollen. Der von der vermeintlichen Beleidigung allerdings gar nichts mitbekommen hatte.

(In einer Judenschule – was Synagoge bedeutet – geht es tatsächlich sehr unruhig zu und her, wenn alle Betenden ihre Privatgespräche mit dem Herrgott gleichzeitig führen.)

Ich habe in dieser Stunde nicht mehr geschwatzt. Und wenn mich heute jemand mitten in der Nacht nach dem binomischen Lehrsatz fragte, ich könnte ihn immer noch fehlerlos aufsagen. Auch wenn ich in den mehr als sechs Jahrzehnten, seit Mäppli ihn uns eingetrichtert hat, die Formel nie für irgendetwas habe brauchen können.

*

Aufgepasst, Mila und Yonathan! Die nächste Erinnerung wird euch ganz besonders amüsieren. Weil nämlich euer Vater darin vorkommt.

Im Buch ist der wiedergeborene Andersen gerade zur Welt gekommen und muss gewickelt werden. Seine neue Großmutter kritisiert heftig, wie ungeschickt sich sein neuer Vater dabei anstellt.

Auf jeden Fall war ich irgendwann so genervt, dass ich gesagt habe: »Dann mach du es doch!« Was wahrscheinlich genau das war, was sie erreichen wollte. Sie hat sich denn auch gleich ans Werk gemacht, mit so einem überlegenen Ich-Profi-du-Anfänger-Gesicht. Jonas lag auf dem Rücken, und als sie ihn auspackte, hat er gepinkelt. Hat sie voll getroffen, mitten ins Gesicht. Staunenswert, was so ein kleines Kind schon für einen kräftigen Strahl haben kann.

Micha ist am neunzehnten Dezember zur Welt gekommen, und am einunddreißigsten Dezember hatte ich Premiere. *Der zerbrochene Krug*, meine bis dahin wichtigste Inszenierung am Staatstheater Kassel.

(Eine Inszenierung übrigens, über deren Entstehung es eine Menge zu erzählen gäbe. Aber wenn sie in keinem meiner Romane Spuren hinterlassen hat, haben solche Anekdoten in diesem Buch nichts zu suchen.)

Bevor ich ins Theater ging, habe ich Micha noch

einmal gewickelt. Auf diesem weißen Ausklappmöbel, das man uns als besonders praktisch empfohlen hatte und das sich dann als besonders unpraktisch erwies. Beim ersten Kind sind werdende Eltern leichte Beute für geschickte Verkäufer.

Im Theater gibt es den alten Brauch, dass man sich vor einer Premiere gegenseitig dreimal über die linke Schulter spuckt. Das soll böse Geister bannen und einem für die so wichtige allererste Vorstellung Glück bringen. Als Theaterkind muss Micha gewusst haben, wie wichtig diese Zeremonie ist, und da er noch nicht so weit spucken konnte, hat er mir eben über meine linke Schulter gepinkelt. Und ich habe, genau wie ich es in *Andersen* geschrieben habe, darüber gestaunt, was so ein kleines Kind schon für einen kräftigen Strahl haben kann.

Die Premiere ist dann ein Erfolg geworden. Nach so einem Toitoitoi konnte es gar nicht anders sein.

*

Das ist alles, was ich in *Andersen* gefunden habe. Auf mehr als dreihundert Seiten nicht mehr Persönliches als diese beiden Kleinigkeiten. Ich überlasse es den Literaturwissenschaftlern, darüber nachzudenken, was das bedeutet.

Als ich Jahre später am *Stotterer* arbeitete, habe ich mir eine Sammlung von Schopenhauer-Zitaten angelegt, weil mein Protagonist diesen Philosophen so gern zitierte. Eines davon – im Buch habe ich es nicht verwendet – scheint mir eine Erklärung dafür zu liefern, warum sich die beiden spärlichen Assoziationen auf Ereignisse aus meinen ersten drei Lebensjahrzehnten beziehen. In den *Aphorismen zur Lebensweisheit* ist es nachzulesen: »Die ersten vierzig Jahre unseres Lebens liefern den Text, die folgenden dreißig den Kommentar dazu.«

Meine Bücher gehören in die Rubrik »Kommentar«.

Und noch etwas fällt mir auf: Die Art, in der ich diese Anmerkungen formuliere, ist jedes Mal von der Sprachform des Buches beeinflusst, das ich als letztes wiedergelesen habe. Stil ist ansteckend, sogar der eigene.

Der Wille des Volkes

2017

Als ich mir nach der Arbeit an *Andersen* überlegte, was für ein Projekt ich als Nächstes in Angriff nehmen sollte, konnte ich mich zwischen zwei Projekten nicht gleich entscheiden:

Einerseits hatte ich schon lang den Plan, ein Gegenstück zu *Hitler auf dem Rütli* zu schreiben, eine Dystopie über die Schweiz, die diesmal keine fiktive Vergangenheit, sondern eine ebenso erfundene Zukunft beschreiben sollte. Ich hatte mir, damals noch in spielerischer Form, ähnliche Gedanken schon einmal in der Kurzgeschichtensammlung *Schweizen* gemacht, und das Thema schien mir nach wie vor reizvoll.

Andererseits hatte ich Lust, einmal einen Kriminalroman zu schreiben. Am Anfang meiner Schreiberkarriere hatte ich unter ständig wechselnden Pseudonymen jede Menge an Mörder- und Räubergeschichten verfasst, die unter der Rubrik *Der abgeschlossene Kriminalroman* in den verschiedensten Zeitschriften erschienen waren. Die Qualitätsansprüche waren dabei nicht sehr hoch, viel wichtiger war den Redakteuren, dass jede Geschichte exakt acht Schreibmaschinenseiten mit Doppelzeilenschaltung umfasste. Mehr als zwei Stunden hat man für so eine Geschichte nicht gebraucht – mein persönlicher Rekord lag bei fünfundfünfzig Minuten –, es blieb einem also genügend Zeit für eigene Schreibprojekte, und man konnte erst noch seine Familie davon ernähren.

(Als bei einer Tagung der *Gruppe Olten* einmal alle Kollegen darüber klagten, wie wenig Zeit zum Schreiben ihnen ihre Brotberufe ließen, schlug ich vor, sie sollten es doch auch einmal mit Kurzkrimis probieren. Sie haben mich angesehen, als ob ich gerade auf den Boden gepinkelt hätte. Lohnschreiberei war bäh.)

Den konkreten Anlass, an einen Krimi zu denken, hatte mir dtv gegeben. Als dieser Verlag mir mein Belegexemplar von *Johannistag* zuschickte, stellte ich überrascht fest, dass sie als Gattungsbezeichnung *Kriminalroman* aufs Titelblatt gedruckt hatten. Dabei war für mich die Suche nach dem Täter in dieser Geschichte nur ein unwichtiger Nebenaspekt gewesen. Wenn man mir einen Krimi gewissermaßen als literarischen Wechselbalg untergeschoben hatte, fragte ich mich, warum nicht tatsächlich einmal einen schreiben?

Dystopie oder Kriminalroman? Am Schluss ist es beides geworden, eine Kriminalgeschichte in einer dystopischen Welt und ein Zukunftsroman, in dem ein Mord aufgeklärt werden muss.

Als meinen Helden wählte ich einen »alten Sack«, einen ausgedienten Journalisten, von dem niemand mehr einen Artikel haben will und der die eigene Moral nur mühsam aufrechterhält, indem er auf alles schimpft, was nach seiner Zeit entstanden ist.

Sind Sie das?

Ein bisschen wahrscheinlich schon. Aber wirklich nur ein bisschen, ich schwöre es.

Nein: Ich hoffe es.

*

Der alte Journalist Weilemann ist ein begeisterter Schachspieler. Aber Partien sollen seiner Meinung nach nur so stattfinden, wie sie immer schon stattgefunden haben.

> *Wenn es etwas gab, das noch schlimmer war als Schach gegen den Computer, dann war es Freiluftschach, dieses 64-Felder-Minigolf, mit dem Pensionisten ihre leere Zeit totschlugen.*

Er war selber ja auch ein Zeit totschlagender Pensionist, aber er hatte trotzdem noch nie das Bedürfnis empfunden, in der Öffentlichkeit klobige Holzfiguren durch die Gegend zu schieben. Solche Leute waren für ihn keine richtigen Schachspieler, führten sich auf, als ob sie mindestens Elo 2000 hätten, wussten alles besser, und dabei würden sie eine englische Eröffnung noch nicht mal erkennen, wenn man sie ihnen auf dem Silbertablett servierte, mit Brunnenkresse garniert und einem Zitronenschnitz im Maul.

Ich liebe diese Formulierung vom Silbertablett und dem Zitronenschnitz im Maul. Aber ich muss zugeben, dass sie nicht meine eigene Erfindung ist. Ich habe sie bei P.G. Wodehouse geklaut.

Falls ihr diesen komischsten aller komischen Schriftsteller nicht kennen solltet, liebe Enkel, dann lernt schleunigst Englisch, wenn ihr es nicht schon könnt, und fangt an, seine Bücher zu lesen. Nicht nur die Romane mit dem legendären *»gentelman's personal gentleman«* Jeeves, sondern alle. In meinem Regal stehen sie auf zwei Meter Breite.

Auf diesen Meister der schwerelosen Komik hat mich ein Lehrer aufmerksam gemacht. Nein, es war nicht einfach ein Lehrer, es war der beste

Lehrer, den ich je hatte. Ohne ihn wäre ich wahrscheinlich nie zum Schriftsteller geworden. Und das alles, indem er mich angelogen hat.

Es war in einer der unteren Klassen des Gymnasiums, und ich war lesesüchtig. Ich las jeden Tag ein neues Buch, fing schon in der Bahn nach Luzern damit an und hörte bei den weniger aufmerksamen Lehrern auch während des Unterrichts nicht damit auf. Was ich da an Lektüre konsumierte, war mir völlig egal, solang es nur möglichst dicke Bände waren. Mit anderen Worten: Ich las nur Schrott. Karl May war schon das höchste der Gefühle.

Was macht man als Lehrer mit so einem Schüler? Man könnte ihm natürlich raten, wenn er schon lese, solle er es doch mal mit anspruchsvollerer Lektüre versuchen, aber als guter Pädagoge wusste Professor Bachmaier, dass er damit wohl nicht viel erreichen würde. Also beschloss er, mich zu beschwindeln.

Er sei in der Auswahlkommission der Volksbibliothek, erzählte er mir (dieser Teil wird wohl noch gestimmt haben), und müsse in dieser Funktion furchtbar viele Bücher lesen, um dann zu entscheiden, ob sie angeschafft werden sollten. Ob ich ihm nicht ab und zu ein Buch abnehmen wolle, es für ihn lesen und ihm dann sagen, worum es darin gehe und ob es ein gutes Buch sei.

Natürlich sagte ich geschmeichelt ja, und von da an fütterte er mich mit guter Literatur, selbstverständlich – das war der Schwindel – nur mit Büchern, die er kannte und die ihm wichtig erschienen. Ich weiß es heute noch: Der erste Roman war ein Hemingway und der zweite *Alexis Zorbas* von Nikos Kazantzakis. Wer einmal solche Bücher gelesen hat, kann einem Karl May bald nichts mehr abgewinnen.

Und, eben, auch auf Wodehouse hat er mich aufmerksam gemacht. Hat als besonders meisterhaft gerühmt, wie der auch die feierlichste Feierlichkeit durch eine lakonische Formulierung lächerlich machen konnte. *William Tell was asked to shoot an apple from his boy's head. Which he did.* Das war die erste Wodehouse-Pointe, die er zitierte, und bald war ich ebenso süchtig wie er. Die Sucht ist nie wieder ausgeheilt, und Wodehouse hat mein Schreiben mit der Brillanz seiner Formulierungen immer wieder beeinflusst. Ich glaube aber nicht, dass das je ein Kritiker bemerkt hat. Da außerhalb Englands kaum mehr jemand Wodehouse liest, würde es ihnen wohl nur auffallen, wenn man ihnen die Erkenntnis auf einem Silbertablett servierte, mit Brunnenkresse garniert und einem Zitronenschnitz im Maul.

*

Er hatte den Traum schon als Kind geträumt und seither immer wieder, manche Dinge änderten sich nicht. Er konnte dann fliegen, nein, »schweben« war das bessere Wort, ein paar Zentimeter über dem Boden, ein menschliches Hovercraft, durch Straßen, die er nicht kannte, und manchmal, ohne jede Anstrengung, eine Treppe hinauf, das war immer das Schönste. Man fühlte sich so leicht dabei.

Es ist mein eigener Traum, den ich da an meine Figur ausgeliehen habe. Als kleiner Junge habe ich ihn immer wieder geträumt, und er hat mich jedes Mal wieder glücklich gemacht. Ich schwebte dabei, genau wie ich es hier beschrieben habe, nie hoch über den Dächern, sondern immer knapp über dem Boden, ein Detail, das einem phantasievollen Traumdeuter Anlass zu wunderschönen Theorien geben könnte.

Eine mögliche Erklärung für dieses oft wiederholte nächtliche Erlebnis könnte sein, dass ich mir darin jene Leichtigkeit erfand, die ich als ungeschicktes dickes Kind im wachen Zustand nicht erleben konnte. Ich weiß es nicht. Ich weiß nur, dass der Traum mit den Jahren immer seltener vorkam, bis er schließlich nur noch eine Erinnerung war.

Ich würde gern wieder einmal träumen.

Aber leider werden nicht nur die Menschen älter, sondern auch ihre Träume.

*

Das einzig Überraschende war ein zerlesenes Paperback mit einem sensationslüsternen Titelbild: Im Lichtkegel einer Straßenlaterne – als ob es irgendwo noch solche Laternen gäbe, außer am nostalgischen Laternliweg am Üetliberg – lag ein toter Mann in einer Blutlache. Das Messer im Rücken *hieß der Titel und der Autor Cäsar Lauckmann, ein Name, den er noch nie gehört hatte.*

Mit der Wahl gerade dieses Pseudonyms habe ich mir – anders als bei der Melnitz-Adresse – tatsächlich einen privaten Insiderscherz erlaubt. Cäsar Lauckmann: C.L. Ein Pseudonym für Carl Läuchli.

In den zwei oder drei Jahren, in denen ich von der Tastatur in den Mund lebte und »abgeschlossene Kriminalromane« im Akkord produzierte, musste ich mir regelmäßig ein neues Pseudonym ausdenken; die Geschichten mussten ja einen Autor haben, und es durfte nicht immer derselbe sein. Wenn die Redakteure ein bisschen aufmerksamer gewesen wären, hätte ihnen einfallen müssen, dass die Namen aller dieser Lohnschreiber mit den Initialen C und L begannen. Sie waren aber nicht aufmerksam.

Bei den ebenso unwahren »wahren Geschichten«, bei denen die Zeitschriften behaupteten, ihre Leserinnen hätten sie verfasst, war das anders. Da hieß es dann nur: »Frau K. M. aus Z. schreibt uns«, und die Auswahl dieser Buchstaben war der einzige kreative Beitrag, den die Redakteure für diese Rubrik selber leisteten. Ich habe damals eine Menge solcher gefälschter Lebensbeichten verfasst, und im Rückblick kann ich sagen: Für einen werdenden Schriftsteller war das eine gute Übung. Schließlich sollte jedes Geständnis ein bisschen anders klingen, und so musste ich immer wieder neue Stilformen ausprobieren.

Aber zurück zu den Krimis. Mein Freund Peter Holenstein – auch er lebt leider nicht mehr fungierte als mein Agent und verscherbelte meine täglichen Fleißarbeiten an die Zeitschriften. Dabei kam es immer mal wieder vor, dass ein Redakteur zu ihm sagte: »Ich finde, der Autor, den Sie uns da anbieten, ist leergeschrieben; von dem kommt nichts Brauchbares mehr.« Worauf Peter nicht etwa widersprach, sondern behauptete, ja, das sei ihm auch aufgefallen, darum habe er diesen Schreiberling auch rausgeschmissen und dafür einen anderen gefunden, der sei völlig unverbraucht und viel, viel besser.

Und zu mir sagte er: »Du musst mal wieder dein Pseudonym wechseln.«

Und dann schrieb ich eben nicht mehr als Christian Larsen sondern als Colin Langford. Ein Cäsar Lauckmann war nie dabei, aber er hätte in die Familie gepasst.

*

Nur dass sich dann sehr bald herausgestellt hatte, dass die Schweiz eben doch nicht stark genug war, um allein mächtig zu sein, eine Tatsache, an der die einfachen Büezer immer noch zu knabbern hatten; selber schuld, warum machten sie aus ihren Kindern nicht Tochtergesellschaften und lagerten sie ins Ausland aus, so wie es die großen Konzerne mit ihren Fabriken taten?

Schon wieder habe ich mich hier selbst zitiert.

Vor fast vierzig Jahren hat mich Hans Gmür eingeladen, mit ihm zusammen eine Revue für das Bernhard-Theater zu schreiben. Für einen Branchenneuling wie mich war das eine große Ehre.

(Letzthin, als ich zu einem Interview im Radiostudio war, erwähnte ich bei einem Kantinengespräch den Namen dieses einst so omnipräsenten Radiomannes und musste erfahren, dass die junge Journalistin noch nie von ihm gehört hatte. Sic transit gloria mundi.)

Für diese Revue, die den Titel *Plausch in Züri* bekam, schrieb ich unter anderem einen Sketch, in dem ein gewöhnlicher Bürger bei der Überprüfung seiner Steuererklärung die vielen Abzüge damit rechtfertigte, dass er eben kein Privatmann mehr sei, sondern seine Familie in eine Aktiengesellschaft umgewandelt habe – und so eine AG habe nun mal hohe Betriebskosten. Statt einer Küche habe er jetzt eine Betriebskantine, und der Raum, in dem man gerade so gemütlich Kaffee trinke, sei kein Wohnzimmer, sondern der Aufenthaltsraum für die Angestellten. Schließlich sei man ein Betrieb mit sehr fortschrittlichen Sozialleistungen. Alle in der Steuererklärung abzugsfähig.

Ein einfaches Humorprinzip, das beim Publikum aber gut ankam. Besonders laut wurde gelacht, als der Steuertrickser seine Ehefrau als leitende Direktorin der Haushaltsabteilung vorstellte. Und das kleine Mädchen mit der Pippi-Langstrumpf-Frisur war natürlich nicht einfach seine Tochter, sondern eine Tochtergesellschaft.

In einer Zeit, in der Ökologie so wichtig ist, muss man auch mal eine Pointe recyceln dürfen.

*

In Deutschland war das gewesen, wo es damals auf der Autobahn noch keine Geschwindigkeitsbeschränkung gab, hinter einer Kurve, fünfzig Meter vor ihm, hatte ein Wohnwagen auf der Straße gestanden, quer über beide Spuren, der Anhänger musste das Auto überholt und quergestellt haben, er war auf die Bremse getreten, so fest er nur konnte, aber es hatte nicht gereicht, konnte nicht reichen, wenn man mit hundertvierzig unterwegs war, er hatte das Lenkrad herumgerissen, und ganz knapp, auf der Standspur und über die Standspur hinaus, war er an dem Hindernis vorbeigekommen, nur den Rückspiegel hatte es ihm abgeschränzt. Als er das Auto dann endlich zum Stehen gebracht hatte, er wusste heute noch nicht, wie, war er bewegungslos dagesessen, zehn Minuten, eine halbe Stunde, und hatte darauf gewartet, dass sich sein Herzschlag wieder normalisierte.

Ist Ihnen das passiert?

Ja, das ist mir passiert.

Es ging um einen Sekundenbruchteil, liebe Enkel. Beinahe hättet ihr euren Großvater nie kennengelernt. »Ein Autounfall«, hätte man gesagt. Und: »Er konnte nichts dafür.«

Nein, ich konnte wirklich nichts dafür. Ich war auf der französischen Autobahn auf dem Heimweg aus Vereux und war ungefähr dort angekommen, wo die Franche-Comté endet und das Elsass beginnt. Ich war gerade dabei, ein anderes Auto zu überholen, wir waren etwa auf gleicher Höhe, als nach einer sanften Kurve plötzlich die Überholspur blockiert war, eben von einem querstehenden Wohnwagen.

Ich bremste wie ein Verrückter, um wieder hinter dem Wagen neben mir einspuren zu können, aber dessen Fahrer hatte das Hindernis auch gesehen und bremste ebenfalls, so dass wir nebeneinander blieben und ich nicht nach rechts ausweichen konnte.

Und der Wohnwagen stand immer noch im Weg, und ich kam ihm näher und näher.

Es hatte nichts mit Überlegung zu tun, was ich dann gemacht habe. Für Überlegungen war keine Zeit. Meine Reflexe haben übernommen, ich bin mit voller Kraft aufs Gas getreten und habe es irgendwie geschafft, im allerletzten Moment noch vor dem anderen Auto auf die rechte Spur zu kommen.

Im aller-, allerletzten Moment.

Ich bin bei diesem Manöver nicht auf die Standspur geraten, und auch mein Rückspiegel ist heil geblieben. Aber dass ich nachher ewig am Straßenrand stand und schwer atmend darauf wartete, dass mein Herz sich beruhigte, das habe ich genau so erlebt. Ich glaube, ich hatte nie einen höheren Adrenalinspiegel als an jenem Tag.

*

In *Der Wille des Volkes* habe ich mehr persönliche Konterbande entdeckt als in *Andersen*. Das meiste davon nicht einmal Schmuggelware, sondern ganz offen zuoberst in den Koffer gelegt.

Ich vermute, es liegt daran, dass ich bei der Arbeit an diesem Kriminalroman die ganze Zeit in einer so übermütigen Stimmung war. Ich fühlte mich – so seltsam das klingen mag – sehr viel weniger kontrolliert als beim vorherigen Buch. In *Andersen* hatte die Hauptperson bestimmt, was ich schreiben sollte, und hatte mir auch ihre eigene Sprache aufgezwungen. In diesem Buch durfte ich wieder sehr viel freier formulieren und mich bei der eigenen Vergangenheit bedienen, wie ich wollte.

Den Zuhörern bei Lesungen schien es ähnlich zu gehen wie mir. Man sah es ihren Gesichtern an: Sie hörten sehr viel entspannter zu, als wenn ich aus *Andersen* vorgelesen hatte. Und bei der üblichen Fragerunde kam eine neue Frage dazu, die jedes Mal gestellt wurde: »Diese Eidgenössischen Demokraten, die in Ihrem Buch die Macht in der Schweiz übernehmen – meinen Sie damit die SVP?« Ich habe dann immer mein harmlosestes Gesicht aufgesetzt und zurückgefragt: »Wie kommen Sie denn da drauf?«

Der Stotterer

2019

Die Hauptfigur dieses Buches hat von der ersten Inkarnation bis zu ihrer endgültigen Gestalt eine Menge Umwandlungen mitgemacht. Ihre Entstehungsgeschichte kann als Beispiel dafür dienen, dass sich die Leserfrage »Wie sind Sie denn darauf gekommen?« kaum jemals wirklich beantworten lässt.

Die Geschichte des Stotterers begann damit, dass ich mit meinem Freund Thomas ein paar Tage Urlaub machte. Wir tun dies seit vielen Jahren regelmäßig und haben miteinander schon eine Menge interessanter Städte besucht. Unser Rezept dabei ist simpel: ein bisschen Sightseeing, gut essen und vor allem viel quatschen.

Thomas ist ein Freund historischer Romane und hat eine Lieblingsgeschichte, die er unbedingt einmal lesen möchte. Nur hatte sie leider noch niemand geschrieben. Sie sollte im sechsten Jahrhundert spielen und davon handeln, wie es ein paar

Mönchen im Auftrag von Kaiser Justinian gelingt, unter Lebensgefahr die ersten Seidenraupen aus China nach Europa zu schmuggeln.

Bei einem ausführlichen Abendessen – das immer mehr zu einem ausführlichen Abendtrinken wurde – versuchte mich Thomas davon zu überzeugen, dass das doch ein perfekter Stoff für mich sei, die historischen Materialien würde er mir liefern und ich müsse die Geschichte dann »nur noch schreiben«. Wahrscheinlich hätte es noch sehr viel mehr Alkohol gebraucht, um in mir ein Interesse am Seidenraupenimport zu wecken, aber ich war beschwipst genug, um mit ihm ein bisschen herumzuspintisieren und zu überlegen, was für interessante Figuren in so einem Roman vorkommen könnten. Ihn interessierte am meisten die Kaiserin Theodora, über die so wunderbar unanständige Anekdoten im Umlauf sind.

Wenn man gar nicht daran denkt, das entsprechende Buch dann auch wirklich zu schreiben, fällt einem das Erfinden leicht. Man kann seiner Phantasie freien Auslauf gewähren. Und so entstand an jenem Abend die Figur eines Mannes, der dem Kaiser versprochen hat, ihm die begehrten Seidenraupen zu besorgen, und dieses Versprechen dann nicht hält. Zur Strafe wird ihm die Zunge, »die den Kaiser angelogen hat«, abgeschnitten, so dass er sich für den Rest seines Lebens nur noch lallend verständigen kann.

Nach unserem Urlaub habe ich nicht weiter an dem Thema herumgedacht – oder ich meinte, nicht weiter daran herumzudenken. Aber es gibt nun mal jenen Teil des Denkapparats, der auch arbeitet, wenn man es selber gar nicht merkt, und dort verwandelte sich das Folteropfer aus dem frühen Mittelalter ganz allmählich in einen Stotterer aus dem 20. Jahrhundert. An der Figur war alles anders geworden – bis auf ihre zentrale Eigenschaft: Auch der Stotterer hat Mühe mit dem gesprochenen Wort und muss andere Wege finden, um seine Ziele zu erreichen.

Schon bevor ich mich ans Wiederlesen mache, kann ich etwas dementieren, was viele Leser – und auch Kritiker – meinten, aus dem Buch herauslesen zu können: Obwohl im *Stotterer* oft sowohl aus der Bibel wie aus den Werken Arthur Schopenhauers zitiert wird, bin ich weder Bibelkenner noch Schopenhauer-Jünger. Ich musste für die entsprechenden Stellen fleißig recherchieren, und wenn ich dabei den Herrgott lobte, dann nur dafür, dass er zur Unterstützung von uns Autoren das Internet geschaffen hat.

*

Das erste Fundstück: eine Erinnerung des Stotterers, die meine eigene Erinnerung ist.

Bei einem Vesper-Gottesdienst, den ich besucht habe, weil es draußen regnete, habe ich einmal einen beeindruckenden Bühneneffekt erlebt: Beim Magnificat ging ein Spot an und schnitt den Gekreuzigten über dem Altar aus dem Halbdunkel heraus.

Meine Frau und ich – ich weiß nicht mehr, wie die Idee aufgekommen ist – wollten einmal selber erleben, wie sich in früheren Jahren ein Pilger gefühlt haben muss, wenn er zu Fuß zu seiner Gnadenkapelle wallfahrte. Natürlich war es für uns keine Wallfahrt, sondern einfach eine Wanderung, aber den exakt selben Weg von Zürich nach Einsiedeln mussten im Lauf der Jahrhunderte schon viele Pilger unter die Füße genommen haben. Wir brauchten zwei Tage dafür, und als wir am Nachmittag des zweiten Tages vom Etzel aus zum ersten Mal das Kloster sahen und uns ausmalten, wie imposant dieses mächtige Barockmonument erst in einer Zeit gewirkt haben musste, in der die meisten Menschen nur einstöckige Gebäude kannten, da waren wir dem Pilgererlebnis von damals schon ganz schön nahegekommen.

Um den Eindruck noch zu verstärken, beschlossen wir, am Abend an einer Vesper in der Klosterkirche teilzunehmen. Dass ich diesen Gottesdienst bis heute nicht vergessen habe, hat nichts mit einem religiösen Erweckungserlebnis zu tun. Es war ein Theatereffekt, der mich beeindruckte. Ich habe einen so starken szenischen Eindruck nur noch einmal erlebt, in der eine ganze Nacht lang dauernden *Mahabharata*-Inszenierung von Peter Brook.

In Einsiedeln machte man es kürzer, aber auch hier spielte die Dunkelheit eine große Rolle. Als man schon eine ganze Weile ohne Licht dagesessen hatte, setzte außerhalb des Raumes – im Off, würde man in einem Filmdrehbuch schreiben – der Chor der Mönche ein. Ich nehme an, dass es Mönche waren, in dieser Umgebung konnte man sich nichts anderes vorstellen, und was da genau gesungen wurde, weiß ich auch nicht mehr. »Gregorianik« meldet mein Verstand, aber das wird mehr Logik als Erinnerung sein.

Das Besondere war, dass man zuerst nur Bassstimmen hörte, tief unten im Register. Dann – der Chor schien sich zu nähern – setzten auch die Baritone ein. Dann die Tenöre. Und in dem exakten Augenblick, als die Engelsstimmen der Kindersoprane losjubelten, holte ein Scheinwerfer den Hauptaltar aus der Dunkelheit heraus.

Wow!

Es war ein brillanter Bühneneffekt, perfekt auf den Ort und die äußeren Umstände abgestimmt. Wer da nicht wenigstens für einen Augenblick fromm wurde, musste schon ein sehr abgebrühter Zuschauer sein.

»Ich hab es öfters rühmen hören, ein Komödiant könnt einen Pfarrer lehren«, heißt es im *Faust*. »Oder umgekehrt«, möchte ich hinzufügen. In *Melnitz* habe ich es einen protestantischen Pfarrer so formulieren lassen:

In diesem Punkt sind uns die Katholiken weit voraus. Ich denke manchmal: Die Orgel hat mehr Menschen bekehrt als die bestformulierte Predigt.

Ein im richtigen Moment eingesetzter Scheinwerfer, habe ich damals in Einsiedeln gelernt, tut denselben Dienst.

*

Bei der nächsten Stelle habe ich meinem Frust über die eigenen Studienerfahrungen freien Lauf gelassen:

Als Studienfach hatte ich mir Germanistik

ausgesucht, in der naiven Vorstellung, in den Seminaren würde man gemeinsam tief in die Meisterwerke der Literatur eintauchen. Kleinstadtillusionen. Texte, so brachte man uns bei, waren Objekte, die wir so lang zu sezieren hatten, bis ihre zerschnipselten Gliedmaßen in die vorgegebenen Analysegefäße passten.

Nach dem einen Theaterjahr, das ich mir nach der Matura ausbedungen hatte, konnte ich mir gar kein anderes Studienfach vorstellen als Germanistik. Und wurde davon schwer enttäuscht.

Denn an der Universität Zürich verlangte man von mir, als Erstes zwei Prüfungen abzulegen, eine in Althochdeutsch und eine in Gotisch. Statt über Bücher zu reden, sollte ich mich mit zwei Sprachen befassen, die mich überhaupt nicht interessierten. Von der einen sind nur ein paar Zaubersprüche erhalten – »Eiris sâzun idisi, sâzun hêra duoder« – und von der anderen eine Bibelübersetzung. Und was in der stand, konnte ich auch auf Deutsch nachlesen. Ich sah nicht ein, warum ich mir die unnötige Büffelei antun sollte.

Und dann gab es noch diesen Kurs über Lautverschiebung, der nach dem zuständigen Professor *Der große Hotzenköcherle* hieß. In meiner Erinnerung, auf die ich mich in diesem Fall überhaupt nicht verlasse, erstreckte er sich über sieben Semester. Wahrscheinlich fällt mir diese Zahl nur ein, weil sich in der Literatur besonders unangenehme Aufgaben immer über sieben Jahre erstrecken. Jakob dient sieben Jahre um die Hand Rachels (und wird an deren Ende ausgetrickst und bekommt erst einmal Lea), und in *Grimms Märchen* muss ein Mann sieben Jahre lang in einer Bärenhaut herumlaufen.

Ich habe die Germanistik dann sehr bald aufgegeben und bin wieder ans Theater gegangen. Ein paar Jahre später habe ich einen zweiten Studienanlauf genommen und es an der Freien Universität Berlin mit Theaterwissenschaft versucht. Wo es noch viel schlimmer war, wenn auch aus anderen Gründen. In der Nach-Achtundsechziger-Zeit war Theorie angesagt, keine Praxis. Im ganzen theaterwissenschaftlichen Institut war ich der einzige Student, der regelmäßig ins Theater ging. Die anderen waren der Meinung, man dürfe diese bürgerliche Kacke nicht unterstützen. In unseren Seminaren wurden denn auch so nützliche Themen behandelt wie: »Ist der Wanderschauspieler des achtzehnten Jahrhunderts im marxschen System als produktive Arbeitskraft zu betrachten?« Ich weiß die Antwort nicht, weil ich das Seminar ganz schnell wieder verlassen habe. »Unter Absingen schmutziger Lieder«, sage ich gern, wenn ich davon erzähle, dabei kenne ich gar keine. Oder doch fast keine.

Zweimal habe ich mit Studieren angefangen, und in keinem Fach habe ich es zu einem Abschluss gebracht. Aber ich hatte mehr Glück als mein Stotterer: Beide Male habe ich danach als abgebrochener Student ein Engagement am Theater gefunden.

*

Bei jedem Roman habe ich mir, bevor ich mit dem Wiederlesen begann, die Frage gestellt: Wo könnte mir da etwas Persönliches in die Geschichte hineingerutscht sein? Etliches fand sich denn auch genau dort, wo ich es erwartet hatte. Aber manchmal taucht so ein Mosaiksteinchen ganz überraschend auf. Wie bei der folgenden Stelle, in der sich der Stotterer Gedanken über einen Beruf für die Zeit nach der Haftentlassung macht. Könnte er sein Geld als Briefeschreiber für andere Leute verdienen?

Das wäre eine menschenfreundliche Tätigkeit. Edel, hilfreich und gut. In manchen Fällen lebensrettend. Nur würde sie mich auf die Dauer unterfordern. »Lieber Herr Mozart, ich würde gern ein Kinderlied bei Ihnen bestellen.

Zur Gitarre zu singen. Ich kann aber nur drei Griffe.«

Ich kann fünf. Genauer gesagt: Ich konnte mal fünf. Schlecht und recht. Mehr oder weniger. Eigentlich überhaupt nicht. Und doch bin ich zweimal in meinem Leben auf einer Bühne gestanden und habe zur Gitarre gesungen. Beim ersten Mal konnte ich nicht einmal etwas dafür, dass es scheußlich klang.

Als Teenager redete ich mir ein, so ein Instrument würde mich »lässiger« (und für weibliche Wesen unwiderstehlicher) machen. Was eine schlimme Fehlüberlegung war. Erstens, weil man als Bewegungstrottel überhaupt kein Instrument lernen soll, schon gar keines, das Rhythmusgefühl verlangt, und zweitens, weil mich damals auch drei Feen mit vereinter Kraft nicht zu einem lässigen Typen hätten machen können.

Einmal habe ich meine Billiggitarre sogar mitgeschleppt, als ich mich in den Sommerferien per Anhalter durch Europa treiben ließ. Sie hat mir keine Eroberungen beschert, nur eine mehrstündige Verzögerung bei der Einreise nach England. Als mich der Grenzbeamte fragte, was ich denn da in dieser Gitarrentasche mit mir führe, meinte ich ein Scherzchen machen zu müssen und antwortete: *»Can't you see? It's a machine gun.«*

Man soll mit Zöllnern keine Scherze machen.

Aber jetzt zu meinen beiden Auftritten. Der eine passierte am Stadttheater Ingolstadt. Ja, »passieren« ist das genau richtige Wort. Unglücksfälle passieren.

Auch in Ingolstadt musste bei größeren Stücken alles auf die Bühne, was Beine hatte. In diesem Fall war es Shakespeares *Heinrich IV.* Zur Inszenierung gehörten jede Menge Soundeffekte, die aus einer Tonkabine über dem Zuschauerraum auf Stichwort eingespielt wurden. Hätten eingespielt werden sollen. Weil nämlich in dieser Unglücksvorstellung alle Stichworte nichts nützten. Es erklangen keine Glocken, keine Trommelwirbel, keine Fanfarenstöße. Nichts. Eine technische Störung musste die Aufführung sabotiert haben. (Später stellte sich dann heraus, dass diese Störung in einem betrunkenen Tonmeister bestand.)

Über die meisten so entstandenen Lücken ließ sich einfach hinwegspielen. Aber als Produktionsdramaturg des Stückes kannte ich die Szene, bei der alles zusammenbrechen würde. Es gab da nämlich einen Umbau, der dadurch kaschiert wurde, dass vor einem Zwischenvorhang ein Tanz stattfand. Und ohne Musik kann man nicht tanzen. Also musste diese Musik irgendwo herkommen.

Ich hatte für irgendeinen Kurzauftritt sowieso

ein Kostüm an, und so bin ich in die Requisitenkammer gerannt und habe mir dort eine Laute gegriffen. Sie war seit ihrem letzten Einsatz in ich weiß nicht welchem Stück nicht mehr gestimmt worden, was aber auch egal war, weil meine paar Gitarrengriffe auch so völlig unbrauchbar gewesen wären.

Die Schauspieler bewundere ich heute noch dafür, dass sie getanzt und nicht nur gelacht haben. Und die Zuschauer werden hoffentlich gedacht haben, es handle sich wohl um eine sehr moderne Inszenierung, bei solch neutönerischer Musik.

Mein zweiter Bühnenauftritt mit Gitarre war geplant. Ich hatte damals ein Bühnenprogramm zusammen mit Jacob Stickelberger, er sang seine wunderschönen berndeutschen Lieder, und ich rezitierte zürichdeutsche Gedichte. Um ihn in einer Aufführung zu überraschen, bat ich meinen Freund, den Komponisten Markus Schönholzer – jetzt erst fällt mir auf, dass ich ihn gern im Spaß »Mozart« nenne –, eines meiner Gedichte zu vertonen. Mit einer möglichst einfachen Melodie, damit sie sich mit meinen wenigen Griffen begleiten ließ.

In der Vorstellung habe ich dann zu Jacob gesagt, ich wolle es auch einmal mit Singen probieren, und habe mir seine Gitarre geben lassen. Sein verdutztes Gesicht war die Vorbereitung wert.

Als ich Markus hinterher fragte, wie ihm denn meine Interpretation gefallen habe, gab er zur Antwort: »Ich habe gewisse Ähnlichkeiten mit meiner Melodie entdeckt.«

Man soll einen Mozart nicht unterfordern.

*

Die früheste Jugenderinnerung des Stotterers – zumindest behauptet er das – hat mit dem Ergreifen einer fremden Hand zu tun.

Ich glaube nicht, dass ich etwas überlegt habe, ich habe nur – Filmschnipsel ab! – gehandelt. Ich fasste nach der Hand des unbegleiteten Mädchens und schloss mich dem Umzug an. Wahrscheinlich ist es nur Einbildung, eines jener falschen Details, mit denen wir uns vage Erinnerungen konkretisieren, aber ich meine mich zu erinnern, dass die fremde Hand kleiner war als meine.

Was er da erzählt, ist eine Variante meiner eigenen frühesten Erinnerung. Nur dass die fremde Hand, die ich ergriff, nicht zu einem kleinen Mädchen gehörte.

Meine Mutter hatte mich zum Einkaufen in die

Stadt mitgenommen, und wir waren mit der Straßenbahn zurückgefahren. Ich muss schon groß genug gewesen sein, um allein auszusteigen – an der Station Ämtlerstrasse, die heute nicht mehr existiert –, und als ich auf der Straße stand, griff ich ganz automatisch nach der Hand meiner Mutter.

Aber als ich nach oben schaute, war es eine völlig fremde Frau, an der ich mich festhielt.

Das Missverständnis wird sich schnell aufgeklärt haben, wahrscheinlich habe ich geweint, und ebenso wahrscheinlich haben die beiden Frauen über meinen Schrecken gelacht. Das weiß ich alles nicht mehr. Was ich aber nie vergessen werde, ist die grauenhafte Angst, die mich in diesem Moment erfasste, diese Gewissheit, meine Mutter und damit meine Sicherheit im Leben für immer verloren zu haben.

Wenn man das könnte, würde ich mir für meine allererste Erinnerung gern ein angenehmeres Ereignis aussuchen.

*

Der Stotterer enthält mehrere eingeschobene Kurzgeschichten, vom Erzähler als »Fingerübungen« bezeichnet. Dass eine von ihnen in einem Theater spielt, ist keine sensationelle autobiographische Entdeckung, schließlich war das viele Jahre meine

Welt. Aber ein kleines Detail hat beim Wiederlesen eine ganze Kette von Erinnerungen in mir wachgerufen.

Die Vorschrift, dass sich rund um die Uhr jemand im Haus aufzuhalten habe, war erst in den achtziger Jahren erlassen worden, nachdem ein unsorgfältig entsorgter Zigarettenstummel beinahe einen nächtlichen Brand im Malersaal ausgelöst hatte.

Luzern dürfte zu meiner Zeit das einzige Theater weit und breit gewesen sein, das für den Notfall einer Feuersbrunst nicht über den vorgeschriebenen eisernen Vorhang verfügte. Man plante schon lang eine Renovation, und bei dieser Gelegenheit sollte er endlich eingebaut werden.

Und dann brannte es tatsächlich.

Während einer Aufführung der *Braut von Messina* – ich kann mir bis heute nicht erklären, warum man ein derart verstaubtes Stück auf den Spielplan gesetzt hatte – war die Bühne plötzlich voller Rauch. Um beim Publikum keine Panik auszulösen, wurde die Parole ausgegeben: Einfach weiterspielen.

Hinter der Bühne, ich sehe es noch vor mir, rannte der diensthabende Feuerwehrmann aufgeregt hin und her. Er war nicht etwa auf der Suche nach dem Brandherd, nein, etwas ganz anderes hatte ihn in Panik versetzt: Er hatte irgendwo seinen Helm hingehängt und konnte ihn jetzt nicht finden. Und ohne Helm, das stand bestimmt in seiner Dienstvorschrift, kann man nicht löschen.

Das Feuer hatte sich, genau wie ich es im Buch geschildert habe, aus einer unsachgemäß entsorgten Zigarette entwickelt, allerdings nicht im Malersaal, sondern in der Herrenschneiderei. Der Stummel mottete in einem Stoffballen vor sich hin und produzierte so jede Menge Rauch. Es war dann nicht der Feuerwehrmann, der den Brandherd entdeckte und die Gefahr bannte, nein, das besorgte eine Garderobiere mit dem Feuerlöscher.

Und diese Garderobiere …

Ich schwöre, dass ich mir das nicht einrede und dass es tatsächlich so gewesen ist. Mein Geschmack ist nicht schlecht genug, um mir eine solch billige Pointe auszudenken.

Die Garderobiere hieß Frau Brändli. Großes Indianerehrenwort.

Die Geschichte hat sogar noch eine zweite Schlusspointe. Ein Bekannter, der in der Vorstellung gewesen war und die Rauchschwaden mitbekommen hatte, sagte hinterher zu mir: »Das mit dem Weihrauch ist heute aber gründlich schiefgegangen.«

*

Der einzige Mensch, für den der Stotterer so etwas wie Liebe empfindet, ist eine alte Dame, bei der er zur Untermiete wohnt. Ich habe mir diese Mutter Spackmann beim Schreiben immer so vorgestellt wie die Schlummermutter, die mich während meiner letzten beiden Gymnasialjahre in Luzern bei sich aufgenommen hatte. Frau Amrein hieß sie.

Sie war hoch in den Achtzigern, als ich bei ihr wohnte, und – genau wie meine Nachbarin Blanche in Vereux – wild entschlossen, auch noch die hundert zu schaffen. Ihr Ratgeber dabei war ein Buch namens *Fünfmal zwanzig Jahre leben*, dessen wichtigster Ratschlag, so wie ich mich erinnere, darin bestand, mehrmals am Tag eine Mischung aus Essig und Bienenhonig zu sich zu nehmen.

Frau Amrein fühlte sich verpflichtet, auf mich aufzupassen, auch in moralischer Hinsicht. Ich verdiente mir damals manchmal etwas mit Nachhilfestunden dazu, und wenn mein Schüler eine Schülerin war, fand sie immer neue Ausreden, um mal schnell – »per exgüsi«, wie man in der Schweiz sagt – ins Zimmer zu schauen. Vielleicht hatten wir ja Lust auf ein Teelein.

Sie war eine liebe Frau, auf sympathische Weise altmodisch und von einer derartigen Korrektheit, dass sie jede Konservendose auf Hochglanz polierte, bevor sie sie wegwarf. Man will sich vor den Abfuhrleuten nicht blamieren.

Nur in einem Punkt war sie nicht ganz korrekt: Beim Jassen schummelte sie gern.

Am Abend spielten wir im Wohnzimmer Karten, ein altmodisches Spiel namens Schnapp den Buben. Wenn sie am Verlieren war, schummelte sie. Ich tat so, als ob ich nichts gemerkt hätte, und darüber konnte sie sich freuen wie ein kleines Mädchen, das ungestraft die Keksdose geplündert hat.

Wenn ich ihr eine Freude machen wollte, habe ich manchmal einen Vorwand erfunden, um während des Spiels schnell mal aus dem Zimmer zu gehen. Meine Karten ließ ich auf dem Tisch liegen, damit sie heimlich einen Blick darauf werfen konnte. Es war nicht schwer, sie glücklich zu machen.

Im Buch bringt der Stotterer seine geliebte Mutter Spackmann um, weil sie eine unheilbare Krankheit hat und er ihr Leiden nicht länger mitansehen kann. Der Tod von Frau Amrein war sehr viel friedlicher. Sie starb so, wie ich es auch gern tun würde, wenn es dann Zeit ist.

Ich wohnte damals schon nicht mehr bei ihr,

aber ich besuchte sie immer noch ab und zu. Einmal, im Herbst, habe ich sie gefragt, ob ich ihr wie in den Jahren zuvor wieder einen Fünfzig-Kilo-Sack Kartoffeln in den Keller schleppen sollte, und sie antwortete im fröhlichsten Ton der Welt: »Das ist nicht nötig. Ich sterbe in diesem Winter.«

Die Prophezeiung hatte nichts mit einer Krankheit zu tun, wenn man nicht auch den Aberglauben als Krankheit bezeichnen will. In dem Haus am Löwenplatz, wo sie wohnte, waren zwei alte Damen gestorben, und nach ihrer Überzeugung blieb es bei solchen Ereignissen nie bei zweien, sondern es wurden immer drei. »Wo's zweitelet, da drittelet's.« Diese Dritte konnte nur sie sein, davon war sie überzeugt, und deshalb bereitete sie, ordentlich, wie sie war, alles für ihren Tod vor. Sie bestellte keine Kohlen mehr – »Die Jungen haben Ölheizung und können das nicht brauchen« –, legte ihre Papiere bereit und so weiter. Auf die Einwände ihres Sohnes, sie sei doch kerngesund, reagierte sie mit der mitleidigen Freundlichkeit, die Mütter gern an den Tag legen, wenn ihre Kinder die einfachsten Dinge nicht begreifen wollen.

Und dann legte sie sich ins Bett und starb.

Auf dem Friedhof erzählte mir ihr Sohn von den letzten Worten seiner Mutter: »Siehst du, ich habe recht gehabt«, sagte Frau Amrein.

Und starb.

*

Eine kleine Nachbemerkung zum Stotterer: Der Name des Erzählers, Johannes Hosea Stärckle, war nicht ganz zufällig gewählt. Die Anfangsbuchstaben von Vor- und Nachnamen bilden das Christus-Monogramm JHS. Kein Leser hat es bemerkt, und auch mir selber ist es erst jetzt wieder aufgefallen.

Der Halbbart

2020

Ernest Hemingway soll einmal gesagt haben: »Wenn ich herausgefunden habe, was für eine Geschichte ich eigentlich schreibe, notiere ich das auf einem Zettel und klebe den an meine Schreibmaschine.« Vielleicht ist das Zitat ja erfunden, aber es beschreibt etwas, das ich immer wieder neu erfahre: An was für einem Buch man eigentlich arbeitet, stellt sich erst heraus, wenn man schon tief in der Arbeit drinsteckt.

Zumindest mir geht das so. Manche Kollegen – wenn es mit einer Geschichte mal wieder ums Verrecken nicht vorangehen will, beneide ich sie um diese Fähigkeit – haben einen exakten Plan für jedes Buch und ändern beim Schreiben höchstens noch die Reihenfolge der Post-it-Zettel, auf denen sie schon jede einzelne Szene notiert haben. Ich kann das nicht.

Wenn ich ehrlich sein soll, auch wenn das nicht zu den Hauptkompetenzen eines Schriftstellers gehört: Ich möchte es gar nicht können. Ich käme mir sonst beim Schreiben vor wie ein Tourist, der brav die Stationen seines Reiseführers abhakt. Daran würde auch nichts ändern, dass es ein selbstverfasster Reiseführer wäre. Im Wort »ausdenken« steckt immer auch das »aus«. Wenn ich mir etwas zu Ende ausgedacht habe, ist es mit dem Denken aus, und das Schreiben wird zur lästigen Fleißarbeit. Ich will Abenteuerurlaub an der Tastatur machen und meine Geschichten entdecken, während ich sie zu Papier bringe.

Natürlich habe ich, wenn ich mit einem Buch anfange, durchaus eine Vermutung, was das für ein Buch werden könnte. Aber fast immer, und das macht meinen Beruf so spannend, stellt sich früher oder später heraus, dass ich falsch vermutet habe. Auch beim *Halbbart* ging es mir so. Ja, es ist eine *coming-of-age*-Geschichte aus dem Mittelalter geworden. Ja, im Mittelpunkt des Geschehens steht ein Bub namens Eusebius, der seinen Platz in der bäuerlichen Welt sucht und ihn schließlich als Geschichtenerzähler findet. Ja, es geht in dem Buch um das Verfertigen von Geschichte, indem man Geschichten darüber erzählt.

Aber geplant war das alles nicht.

Eine Figur aus dem Roman, die wandernde Erzählerin Teufels-Anneli, nimmt ihrem Lehrbuben Sebi die Gesellenprüfung ab, indem sie ihn die

Fortsetzung zu einer Geschichte erfinden lässt, von der sie ihm den Anfang erzählt hat.

Ich mache die ersten Stiche, und du nähst die Geschichte zu Ende.

Denn:

Mit einem Faden, der keinen Anfang hat, kann man nicht nähen.

Manchmal genügt beim Bücherschreiben ein ganz kleines Fadenstück, um mit dem Weiternähen anzufangen. Bei der Auster reicht ja auch ein winziges Sandkorn, um sie mit der Herstellung einer Perle beginnen zu lassen. Womit ich nicht gesagt haben will, meine Bücher seien eine ununterbrochene Kette von Perlen.

Beim *Halbbart* war der erste Anfang ein dummer Kalauer, wie sie mein Hirn permanent produziert. Für *Der Wille des Volkes* hatte ich ein Computerspiel mit Hellebarden schwingenden alten Eidgenossen erfunden und überlegte beim Schreiben, ob ich statt »Hellebarde« lieber die altertümliche Formulierung »Halbarte« verwenden sollte. Ich entschied mich dagegen, weil mir das Wort zu sehr nach einem halben Bart klang.

Ein dummes, unwichtiges Wortspiel, aber es wurde zum Sandkorn in meiner Gehirnauster. Die Vorstellung eines Mannes mit einem halben Bart ließ mich nicht mehr los. Dieser Typ bestand darauf, die Hellebarde sei nach ihm benannt, weil er sie nämlich erfunden habe. Ich kenne nur einen Exorzismus gegen solche Gedanken-Invasoren: Ich muss ihre Geschichte zu Ende denken.

Also setzte ich mich hin und formulierte einen ersten Satz:

Wie der Halbbart zu uns gekommen ist, weiß keiner zu sagen.

Ich hätte es auch selber nicht zu sagen gewusst. Ich hatte nicht die geringste Ahnung, was für ein Erzähler sich hier zu Wort meldete. Aber wenn man immer schon wüsste, was für Entdeckungen einen erwarten, musste man sich gar nicht erst auf Entdeckungsreise begeben.

Diese Reise endete dann schließlich bei der Schlacht – oder der Schlächterei – von Morgarten. Dabei war dieses Ereignis – oder Nicht-Ereignis – überhaupt nicht das Ziel meiner literarischen Expedition gewesen. Erst im Laufe des Schreibens wurde mir klar, dass sich gerade diese patriotische Episode, ob historisch oder erfunden, besonders gut dazu eignete, das Thema »Geschichte entsteht aus Geschichten« zu illustrieren.

Item.

(Ich schreibe dieses Wort hier nur hin, weil es in meinem *Halbbart*-Manuskript häufig als Trennung zwischen zwei Gedanken vorkam. Meine Lektorin hat mich dann in ihrer unerbittlich freundlichen Art gezwungen, es fast überall durch eine andere Formulierung zu ersetzen. Beim Wiederlesen des Buches sind mir diese Stellen aufgefallen, und ich habe jedes Mal gedacht: Ich hätte nicht nachgeben dürfen. Item.)

Ich erwarte nicht, auf den fast siebenhundert Seiten sehr viel Persönliches zu entdecken. Schließlich spielt die Geschichte im vierzehnten Jahrhundert, und das ist eine ganz andere Welt als die, in der ich das letzte Dreivierteljahrhundert verbracht habe. Andererseits: Wir Schmuggler können, bewusst oder unbewusst, das Schmuggeln nicht lassen.

*

Als der Prior des Klosters Einsiedeln den Sebi damit beauftragt, einen toten Säugling den Schweinen vorzuwerfen, überlegt der, wie der ranghohe Mönch wohl zu dieser Kinderleiche gekommen sei.

Der Prior wird dem Mädchen nicht selber die Luft abgedrückt haben, so wie er sich im Refektorium auch nicht selber die Suppe schöpft, sondern ein Mönch tut es für ihn. [...] *Kann sein, er hat es einen der Küchenfratres machen lassen, die wissen, wie man einem Karpfen das Genick bricht, da macht es ihnen vielleicht weniger aus, auch einmal ein Kind zu töten.*

Einem Karpfen das Genick brechen ...

Ich bin fünf Jahre alt, vielleicht sechs, und ich darf meine Großmutter zum Fischgeschäft Bianchi begleiten. Es muss kurz vor einem Feiertag gewesen sein, Pessach vermutlich, denn zum *Seder* am Vorabend des Festes gehört der *gefillte Fisch* so unabdingbar dazu wie die Mazzen oder die vier Becher Wein. Im Fall des Fischs nicht aus religiösen Gründen, sondern aus Tradition. Und Tradition – jeder, der in einer jüdischen Familie aufgewachsen ist, wird das bestätigen – ist wichtiger als alles andere.

Hier ist ein kurzer kulinarischer Exkurs notwendig. Wer von *gefillte Fisch* spricht, meint meist nur die im Namen dieser Spezialität enthaltene Füllung aus gemahlenem Fisch, über deren richtige Würzung erbitterte Glaubenskämpfe ausgetragen werden. (Völlig unnötige Glaubenskämpfe, denn es ist ja klar, dass es keine besseren *gefillte Fisch* geben kann als die von meiner Großmutter zubereiteten.) Man kann diese Spezialität heute als tiefgefrorenen Block einkaufen, den man zum Servieren nur noch in Scheiben schneiden muss, denn *gefillte Fisch* wird kalt gegessen. Man kann sie auch portionenweise aus einem Konservenglas fischen. Oder man kann sich die Mühe machen, sie selber zuzubereiten. Das Wahre wird es nie sein, denn das Originalrezept verlangt, wie der Name sagt, einen gefüllten Fisch.

Bei meiner Großmutter sah das so aus: Der Karpfen wurde in Tranchen geschnitten, und dort, wo im Bogen der Gräten einmal die Eingeweide gewesen waren, füllte sie die Farce aus Weißfisch ein. In meiner Erinnerung ist das die perfekte Art, *gefillten Fisch* zuzubereiten. Streiten kann man sich höchstens darüber, ob man besser weißen Meerrettich dazu isst oder doch den mit Randensaft rot gefärbten.

Aber das hier ist kein Rezeptbuch. Also zurück zum Fischgeschäft.

Für mich war das eine Zauberwelt, nicht so sehr wegen der auf zerstoßenem Eis ausgelegten toten Fische, sondern vor allem wegen der Tanks mit ihren zum Tod verurteilten Artgenossen. Am meisten faszinierten mich die Hummer mit den zusammengebundenen Scheren. Und natürlich die Karpfen, von denen sich meine Großmutter einen aussuchte. Der Verkäufer fischte das Opfer mit einem Netz heraus, und dann …

Hier überlagern sich bei mir zwei Erinnerungen. In der einen steckt er dem Karpfen einen Daumen ins Maul und bricht ihm mit einem Ruck das Genick, in der anderen begeht er den Mord mit einem kleinen Knüppel. Vielleicht hat mein Gedächtnis aus mehreren Bianchi-Besuchen einen gemacht, und ich habe beides miterlebt. So oder so, es war meine erste Begegnung mit dem Sterben, und sie scheint mich so beeindruckt zu haben, dass sich die Erinnerung daran nicht nur in *Halbbart* eingeschlichen hat, sondern auch in *Melnitz:*

> *Christine war stark. Dem Spiegelkarpfen, den sie auf Schabbes zu töten hatte, schlug sie nicht mit dem Fleischhammer auf den Kopf, sondern steckte ihm den breiten Daumen ins Maul und brach ihm mit einem Ruck das Genick.*

*

Noch eine andere Erinnerung, die auch mit Tieren zu tun hat, tauchte beim Wiederlesen auf, dort wo der Schmied Stoffel ein Hufeisen anbringt:

Das heiße Eisen auf dem Horn vom Pferdehuf macht einen ganz eigenen Geruch, beißend, aber nicht unangenehm.

Ja, auch ein Stadtbub, der Pferde eigentlich nur beim Sechseläutenumzug zu sehen bekommt, kann diesen Geruch kennen. Gar nicht weit weg von unserer Synagoge, dort wo es der Sihl entlang zum Hallenbad geht, war früher einmal die städtische Tierklinik. Wenn man dort über den Zaun schaute – und ich schaute nach der Langeweile des Religionsunterrichts oder der endlosen Gottesdienste oft über den Zaun –, konnte man mit etwas Glück zusehen, wie vor dem Gebäude ein Pferd beschlagen wurde.

Sehen und riechen.

*

Wenn man es nicht schafft, sie ganz zu verdrängen, brennen sich jene Situationen am stärksten ins Gedächtnis ein, in denen man etwas falsch gemacht oder sich blamiert hat. Daran wurde ich wieder einmal erinnert, als ich diese Stelle wiederlas:

Ein anderer hat ihm ein zusammengerolltes Stück Stoff gereicht, aus dem hat der Doctor iuris etwas herausgenommen, das wie eine Schere aussah. Es war aber etwas anderes: Er hat sich die beiden Öffnungen vor die Augen gehalten und durch sie hindurch das Dokument studiert. Das Kätterli hat mir zugeflüstert, das sei ein Beryll, damit könne man besser sehen, aber wie das gehen soll, konnte sie mir auch nicht sagen.

Wer sich im Turnunterricht dreimal pro Woche vor seinen Mitschülern lächerlich macht, will sich wenigstens mit etwas anderem wichtigmachen können, und so prunkte ich als Gymnasiast gern mit angelesenen Weisheiten. Ich war, um es höflich auszudrücken, stolz auf meinen Intellekt und trug ihn gern zur Schau. Um es weniger höflich auszudrücken: Ich war ein präpotentes Arschloch. Ich bin meiner Frau heute noch dankbar, dass sie hinter der aufschneiderischen Fassade einen weniger größenwahnsinnigen Menschen entdeckt und mich trotzdem geheiratet hat.

Wenn mir auch nicht alle meine Bekannten zustimmen werden: Unterdessen meine ich mich in dieser Beziehung gebessert zu haben.

Aber damals, als lesesüchtiger Teenager, hatte ich keine Hemmungen, bei der Lektüre aufgeschnappte Bildungsfetzen als eigene Weisheiten zu präsentieren. Besonders gern tat ich das in Aufsätzen, was zusammen mit meinen zynischen Randbemerkungen einen meiner Deutschlehrer so zur Weißglut trieb, dass er mir einmal vor versammelter Klasse den Rat gab, Leute wie ich sollten sich am besten eine Pistole kaufen und sich erschießen. (Mein nächster Aufsatz begann dann mit den Worten: »Da ich keinen Waffenschein besitze …«)

Selbst bei meinem geliebten Professor Bachmaier konnte ich diesem Hang zur Bildungsprotzerei nicht widerstehen. Nachdem ich *Quo Vadis* gelesen hatte, legte ich in einem Aufsatz eine gewagte Gedankenkurve hin, nur um in meinen Text den Autorennamen Sienkiewicz und die Information einbauen zu können, Kaiser Nero habe sich die Welt durch einen geschliffenen Smaragd angeschaut.

Professor Bachmaier bat mich, nach der Stunde noch einen Moment dazubleiben. Als feinfühliger Pädagoge stellte er einen Schüler nicht vor den anderen bloß. Zuerst gratulierte er mir dazu, dass ich den Namen Sienkiewicz richtig buchstabiert hatte, um dann anzumerken, es habe sich bei dem betreffenden Edelstein wohl eher um einen Beryll als um einen Smaragd gehandelt, davon sei ja auch das Wort »Brille« abgeleitet. Der Fehler war mir furchtbar peinlich, vor allem, weil ich diesen

Lehrer so bewunderte und vor ihm unbedingt gut dastehen wollte. Die Erwähnung des Berylls im *Halbbart* war wohl eine Art Wiedergutmachung für jene missglückte Aufschneiderei.

Obwohl …

Ich habe jetzt, sechzig Jahre später, in *Quo Vadis* nachgeschlagen. Dort steht: »Der Kaiser neigte sich nach vorne über den Tisch, drückte ein Auge zu und beobachtete sie durch seinen runden geschliffenen Smaragd, dessen er sich immer bediente.«

Tatsächlich »Smaragd«. Man soll Büchern nicht vertrauen.

*

Der Sebi wirft einmal im Übermut ein Elsternnest aus einem Baum, und weil er die Elster für ein Teufelstier hält, ist er von diesem Moment an überzeugt, dass ihn im nächsten Moment eine ganz schlimme Strafe erwarte.

Wenn ich mir zum Beispiel auf die Zunge gebissen hatte, habe ich mir vorgestellt, wie sie dicker und immer noch dicker wird und mir schließlich den Kopf zersprengt. Oder wenn mich eine Mücke in den Arm gestochen hat, war ich überzeugt, dass es keine gewöhnli-

che Mücke gewesen sein konnte, sondern eine von der Teufelselster geschickte, dass aus dem Jucken ein Brennen werden würde und aus dem roten Fleck ein schwarzes Loch, bis mir schließlich der Arm abfallen und verfaulen würde.

Ich habe nie eine brütende Elster gestört – mit dem Bäumeklettern habe ich es nicht so –, aber das Gefühl, dass mich für eine Sünde eine fürchterliche Strafe ereilen könnte, kenne ich nur allzu gut. Das Judentum, so wie man es mir eingetrichtert hat, ist eine strenge Religion, regiert von einem rachsüchtigen Gott, der von der Sintflut bis zur Verwandlung in eine Salzsäule für jedes Vergehen einen eigenen Paragraphen im himmlischen Bußenkatalog bereithält.

Im Religionsunterricht haben mich immer jene Gebote am meisten fasziniert, für die kein Rabbiner eine Erklärung weiß. Das *Credo quia absurdum* ist keine christliche Erfindung. So hat es mir nie eingeleuchtet, warum es eine Sünde sein sollte, Wolle und Leinen im selben Kleidungsstück zu mischen und warum Gott gerade dieses abstruse Verbot so wichtig fand, dass er es im Alten Testament gleich zweimal aufführte.

Aber natürlich gab es auch Verbote, die ich nie

in Frage stellte und die mir geradezu als Naturgesetze erschienen. Eines davon war das Tabu, unkoscheres Fleisch zu essen. Ich hatte keinen Zweifel daran, dass man damit eine so schreckliche Strafe auf sich ziehen würde, dass einem das Schicksal von Sodom und Gomorrha im Vergleich geradezu beneidenswert erschiene.

Ach, Sebi, ich verstehe deine Ängste so gut! Ich habe diese Sünde einmal als kleiner Bub begangen, und um dich so schlecht zu fühlen wie ich damals, hättest du nicht nur das Elsternnest auf den Boden werfen, sondern auch noch die jungen Vögel erwürgen oder auf den Eiern herumtrampeln müssen.

So kam es zu diesem schlimmen Vergehen:

Weil bei uns zu Hause kein Geld für Vergnügungen da war, bei denen man hätte Eintritt bezahlen müssen, schickte unsere Mutter meinen Bruder und mich immer mal wieder zu Veranstaltungen, die zwar nicht wahnsinnig aufregend waren, aber dafür nichts kosteten. Einmal war das eine Führung durch eine Molkerei, die immerhin den Vorteil hatte, dass man immer wieder ein Stückchen Käse oder einen Joghurt probieren durfte. Zum Abschluss gab es für jeden Teilnehmer als Überraschung einen knusprig gebratenen Cervelat. Das plötzliche Angebot einer so seltenen Köstlichkeit – und wohl auch meine schon damals ausgeprägte

Verfressenheit – ließen bei mir alle Sicherungen durchbrennen. Bis sich mein Bruder zu mir durchgekämpft hatte, um mich vor dem Verzehr zu warnen, war die Wurst schon verschlungen.

So wie ich mich erinnere, hat er mich zu Hause nicht verpetzt. Obwohl sich meine Mutter bestimmt gefragt hat, warum ich den Rest des Tages nur noch gekotzt habe. Es war kein verdorbener Magen. Es war Schuldbewusstsein.

Glaub mir, Sebi: Ein zerstörtes Elsternnest ist nichts dagegen.

*

Als sich der Sebi auf den Weg macht, um bei der Geschichtenerzählerin Teufels-Anneli als Lehrbub anzufangen, verabschiedet sich der Halbbart von ihm auf ganz besondere Weise:

> *Dann hat er mir seine beiden Hände, die verbrannte und die gesunde, auf den Kopf gelegt und etwas in einer fremden Sprache gemurmelt. Die Worte habe ich nicht verstanden, aber ich glaube, es war ein Segen.*

Ja, es war ein Segen.

Am Freitagabend, wenn die beiden Kerzen angezündet waren und der Sabbat damit offiziell begonnen hatte, legte uns meine Mutter ihre Hände auf den Kopf, zuerst meinem älteren Bruder und dann mir, und segnete uns. (Eigentlich wäre das die Aufgabe des Vaters gewesen, aber der war bei uns nicht präsent.)

Und so weiß ich Wort für Wort, was der Halbbart vor sich hin murmelte, als er sich vom Sebi verabschiedete: »Der Ewige sprach zu Moses: Sprich zu Aaron und seinen Söhnen: So sollst du die Kinder Israels segnen, sprich zu ihnen: ›Der Ewige segne und behüte dich. Der Ewige lasse dir sein Angesicht leuchten und sei dir gnädig. Der Ewige wende dir sein Angesicht zu und gebe dir Frieden.‹ Sie sollen meinen Namen über den Kindern Israels zuteil werden lassen, und ich werde sie segnen. Gott lasse dich werden wie Efraim und Menasse.«

Man spricht diese Segensworte natürlich nicht auf Deutsch, und im Rückblick bezweifle ich, dass meine Mutter wirklich wusste, was sie da über unseren gesenkten Köpfen vor sich hin brabbelte. Aber man hatte es in unserer Familie immer so gemacht, und so führte sie die Tradition weiter. Vielleicht sind Segenssprüche ja ohnehin wirksamer, wenn sie – ob lateinisch oder hebräisch – in einer unverständlichen Sprache gesprochen werden.

*

Und noch ein letztes persönliches Fundstück aus dem *Halbbart*, das einzige, das nicht aus meiner Jugendzeit stammt.

Sebis Bruder Geni ist verschwunden, und er kann ihn nirgends finden.

Auch noch im Traum habe ich nach ihm gesucht, an lauter Orten, die es gar nicht gibt, einmal in einem Wald, wo man an den Bäumen nicht vorbeigehen konnte, sondern sie haben sich bewegt und einem immer neu den Weg versperrt.

In diesem Wald bin ich gewesen. Es war das unvergesslichste Theatererlebnis meines Lebens.

Peter Brook hatte den *Sommernachtstraum* inszeniert. Ohne Shakespeares Text umzuschreiben. Ohne Videoeffekte. Auf einer leeren Bühne. Und verzauberte damit das Publikum.

Den *Sommernachtstraum* kannte ich sehr gut. In meinem allerersten Theaterjahr hatte ich ihn, als Inspizient eingesprungen, eine ganze Aufführungsserie lang aus der Kulisse verfolgt. Und einmal hatte ich sogar die Vorstellung gerettet.

Das kam so: Die Darstellerin der Hermia litt unter Anorexie, nur dass man damals weder das

Wort noch das Krankheitsbild kannte. »Sie isst halt zu wenig«, sagte man im Ensemble und ließ es dabei bewenden.

Einmal hatte sie so wenig gegessen, dass sie mitten in einer Vorstellung ohnmächtig wurde. Da es während der Szene passierte, in der sich die beiden Liebespaare im Wald verlaufen und dort einschlafen, fiel das im Publikum niemandem auf. Die Zuschauer dachten wohl, ihr plötzlicher Zusammenbruch sei so inszeniert.

Als Inspizient – wenn ich mich richtig erinnere, hatte ich die Inszenierung auch als Regieassistent betreut – wusste ich es besser. Ich kroch also im Schutz eines dekorativen Gebüschs auf die Bühne und zischte dem unterdessen Schlaf mimenden Darsteller des Lysander zu: »Carsten! Raustragen!« Dann kroch ich wieder zurück zu meinem Inspizientenpult.

Im Parkett wird man mich dabei nicht gesehen haben. Von der Galerie aus allerdings schon. Vermutlich haben sich die Zuschauer die seltsame Gestalt, die da plötzlich auftauchte, als Regieeinfall erklärt. Schließlich ging es in der Szene um Waldgeister.

Um die Abschweifung schnell zu beenden: Als der Herzog von Athen die Schläfer aufgeweckt hatte – »Ei, guten Tag! Sankt Velten ist vorbei, /

Und paaren jetzt sich diese Vögel erst?« –, nahm Lysander seine immer noch bewusstlose Hermia in die Arme und trug sie von der Bühne. Hinter den Kulissen päppelte der Theaterarzt die Schauspielerin mit einer Spritze auf, die Vorstellung ging irgendwie weiter, und kein Zuschauer hat etwas gemerkt.

Jahre später saß ich in Peter Brooks *Sommernachtstraum* und fragte mich, wie er wohl diese Waldszene inszenieren würde, ohne Bäume, an die man stoßen und zwischen denen man sich verlaufen konnte. Eigentlich war das gar nicht möglich. Aber weil Peter Brook ein Genie war, wurde aus dieser Unmöglichkeit großes Theater.

Die Bäume waren zwei meterhohe Stelzen, von denen Puck auf die beiden Liebespaare hinunterschaute. Mehr als die zwei Stelzen brauchte es nicht, denn er bewegte sich so artistisch auf ihnen, dass er den Darstellern die symbolischen Baumstämme immer genau dort in den Weg stellen konnte, wo sie sich gerade einen Ausweg aus dem Waldlabyrinth suchten.

Als ob das nicht genug des Bühnenzaubers gewesen wäre, hatte sich Brook noch einen zusätzlichen Effekt ausgedacht: In seiner Verzweiflung rannte einer der Liebhaber – ich weiß nicht mehr, ob es Demetrius oder Lysander war – mit voller

Kraft gegen einen dieser magischen »Bäume«. Die Stelze fiel um, aber der Darsteller des Puck stürzte nicht mit ihr auf den Bühnenboden. Im exakt richtigen Moment kam ein Trapez geschwungen, Puck hielt sich daran fest und schaute verächtlich auf die Menschlein hinunter, die doch tatsächlich gedacht hatten, man könne ein Geistwesen mit roher Gewalt besiegen.

So habe ich die Szene in Erinnerung, und so hatte ich sie vor Augen, als ich Sebis Traum von einem verzauberten Wald mit wandernden Bäumen beschrieb. Seit jener Aufführung ist fast ein halbes Jahrhundert vergangen, und vielleicht sah ja alles ganz anders aus.

War ich das?

Vielleicht sah ja alles ganz anders aus. Eigentlich ein gutes Motto für dieses Buch.

Hier endet meine Spurensuche. Das Schmuggelgut ist gefunden und ordentlich präsentiert, so wie es die Zollbehörden gern mit beschlagnahmtem Rauschgift machen.

Was habe ich nun bei diesem Experiment über mich erfahren?

Wenn ich gedacht habe, ich könnte mich selber auf diese Weise besser kennenlernen, muss ich es als gescheitert erklären. Es hat mir immer wieder Anlass gegeben, in alten Erinnerungen zu wühlen – mehr nicht.

Überhaupt habe ich beim Wiederlesen sehr viel weniger Persönliches entdeckt, als ich erwartet hätte. Ich deute das als etwas Positives. Offenbar bin ich in der Lage, beim Schreiben so tief in meine Figuren hineinzukriechen, dass ich ihre Denkweise und, ja, ihre Erinnerungen übernehme. Wie ich einmal eine Figur sich vornehmen lasse:

Ich darf nur noch denken wie Andersen. Fühlen wie Andersen. Träumen wie Andersen.

Das scheint mir ganz gut gelungen zu sein.

Was ich nicht erwartet hatte: Ereignisse aus meiner Jugendzeit, obwohl sie mehr als ein halbes Jahrhundert alt sind, scheinen in meinem Kopf viel präsenter zu sein als die Dinge, die ich später erlebt habe. Aber wahrscheinlich ist das bei allen Menschen so. Es würde erklären, warum in Autobiographien immer die ersten Kapitel die interessantesten sind.

Auch das ist also keine neue Erkenntnis. Schon Astrid Lindgren hat gesagt: »Es gibt kein Alter, in dem alles so irrsinnig intensiv erlebt wird wie in der Kindheit. Wir Großen sollten uns daran erinnern, wie das war.«

Immerhin zu diesem Erinnern hat mir mein Experiment verholfen.

Wirklich überrascht hat mich nur etwas: Ausgerechnet die Menschen, die mir auf der emotionalen Ebene am nächsten sind, haben in meinen Büchern die wenigsten Spuren hinterlassen. Ich habe fast nirgends meine Frau entdeckt, die doch seit mehr als fünfzig Jahren die zentrale Figur in meinem Leben ist. Kaum eine Spur von meinen Kindern. In einer Autobiographie würden sie den meisten

Platz einnehmen, und in meinen Arbeiten kommen sie überhaupt nicht vor. Leben und Schreiben scheinen sich bei mir in zwei getrennten Welten abzuspielen.

Wenn das auch bei anderen Autoren so ist, dürften die meisten Versuche, aus Büchern etwas über ihre Verfasser herauszulesen, zum Scheitern verurteilt sein. Vielleicht ist es nur eine Arbeitsbeschaffungsmaßnahme für Zollbeamte, wenn man sie immer wieder fragen lässt: »Sind Sie das?«

Liebe Enkel, ich hoffe, dass ihr in diesem Buch mehr über euren Großvater erfahren habt als aus den altbekannten Geschichten, mit denen ich euch bestimmt jahrelang gelangweilt habe. Aber es wird höchste Zeit, dass ich anfange, über einen neuen Roman nachzudenken.

P.S.: Falls jener Gymnasiallehrer, der mir die erste Anregung zu diesem Selbstversuch gegeben hat, diese Seiten zu lesen bekommen sollte, habe ich eine Botschaft für ihn: Nein, der Pädophile aus *Johannistag*, das bin nicht ich.

Bitte beachten Sie
auch die folgende Seite

Charles Lewinsky im Diogenes Verlag

Charles Lewinsky, 1946 in Zürich geboren, ist seit 1980 freier Schriftsteller. International berühmt wurde er mit seinem Roman *Melnitz*. Er gewann zahlreiche Preise, darunter den französischen Prix du meilleur livre étranger. Sein jüngster Roman *Der Halbbart* war für den Schweizer und den Deutschen Buchpreis nominiert. Sein Werk erscheint in 14 Sprachen. Charles Lewinsky lebt im Sommer in Vereux (Frankreich) und im Winter in Zürich.

»Charles Lewinsky ist unstreitig einer der erfolgreichsten, sicher aber der vielseitigste Schriftsteller der Schweiz.«
Martin Ebel / Süddeutsche Zeitung, München

Johannistag
Roman
Auch als Diogenes Hörbuch-Download erschienen, gelesen von Fabio Eiselin

Melnitz
Roman. Mit einem Nachwort des Autors

Gerron
Roman

Kastelau
Roman
Auch als Diogenes Hörbuch-Download erschienen, gelesen von Christian Heller

Der Stotterer
Roman
Auch als Diogenes Hörbuch erschienen, gelesen von Robert Stadlober

Der Halbbart
Roman
Auch als Diogenes Hörbuch erschienen, gelesen von Maximilian Kraus

Sind Sie das?
Eine Spurensuche

Als Kinderbuch erschienen:

Einmal Erde und zurück
Mit Illustrationen von Julian Meyer